PROCÈS

ET ACQUITTEMENT

DU

JOURNAL DE ROUEN

DEVANT

LA COUR D'ASSISES

DE LA SEINE-INFÉRIEURE,

LE 17 AOUT 1836.

ROUEN.

AU BUREAU DU JOURNAL,

RUE SAINT-LO, N° 7.

1836.

Voici une petite brochure que nous ferons tirer à vingt mille exemplaires, et qui sera distribuée gratuitement dans toutes les communes des deux départemens de la Seine-Inférieure et de l'Eure.

Nous avons deux raisons pour en agir ainsi.

La première, c'est que nous devons un solennel et durable témoignage d'admiration et de reconnaissance à l'honorable Me Senard, qui nous a prêté l'appui de son beau talent dans la lutte dont nous sommes sortis vainqueurs.

La seconde, c'est qu'il n'y a pas de meilleure manière de nous venger de ceux qui nous ont dénoncé, comme de ceux qui nous ont traduit devant la cour d'assises, que de reproduire cette plaidoirie, si animée, si entraînante, et en même tems si vraie et si loyale, dans laquelle se trouvent résumés nos sentimens pour nos dénonciateurs, et l'explication de la ligne politique que le *Journal de Rouen* a suivie depuis six années.

Nous voulons que nos principes et notre conduite soient connus de tout le monde, et nous nous en remettons volontiers à la conscience et au bon sens de nos concitoyens du soin de décider, après avoir lu le discours de notre éloquent défenseur, lequel des deux, de nous ou des adversaires qui nous attaquent, a mis dans ses actes le plus de loyauté, et dans ses efforts pour le bonheur du pays le plus de bonne foi et de dévoûment.

E. BRIÈRE.

PROCÈS

ET ACQUITTEMENT

DU

JOURNAL DE ROUEN.

COUR D'ASSISES

DE LA SEINE-INFÉRIEURE.

AUDIENCE DU 17 AOUT 1836.

PRÉSIDENCE DE M. BOIVIN-CHAMPEAUX.

Une foule immense se presse à toutes les portes, avant l'ouverture de l'audience. Le tirage du jury ayant lieu dans l'enceinte même de la salle d'audience, personne n'y peut être introduit que le prévenu, ses défenseurs et les membres du barreau en robe. A l'ordre donné par M. le président d'ouvrir les portes, les personnes qui, depuis long-tems, attendaient impatiemment dans les couloirs et aux portes, se précipitent dans l'enceinte ; les places réservées aux billets et celles qui sont laissées au public dans la partie la plus reculée de l'auditoire, sont envahies en un instant.

Parmi les spectateurs on remarque un assez grand nombre de dames et beaucoup de notabilités de la ville et du département.

M. E. Brière est assis aux côtés de Me Senard et de Me A. Daviel, bâtonnier de l'ordre des avocats, ses défenseurs ; devant lui sont les propriétaires et les rédacteurs

1

du *Journal de Rouen*, parmi lesquels est venu se placer M. Visinet, l'ancien rédacteur en chef.

MM. les jurés prêtent serment : ce sont MM. Bourdelle, propriétaire, chef du jury ; Dumont, médecin ; Boutigny, architecte ; Gromas, marchand de drap ; Leconte, notaire ; Bréard, courtier ; Lecœur, marchand de rouenneries ; Delanos, manufacturier ; Ballot, négociant ; Quesnel, fabricant ; Durieu, adjoint.

Le ministère public a exercé huit fois son droit de récusation.

M. le président interroge ensuite le prévenu.

D. Comment vous appelez-vous ? — R. Emile Brière.

D. Votre âge ? — R. 28 ans.

D. Votre profession ? — R. Journaliste.

D. Vous êtes gérant du *Journal de Rouen ?* — R. Oui.

D. Etes-vous l'auteur des articles incriminés, et qui sont insérés dans les numéros des 30 juin, 12 et 13 juillet 1836 ? — R. Je n'en suis pas l'auteur, mais j'en accepte toute la responsabilité.

Vous les avez connus avant qu'ils ne fussent publiés ? — R. Oui, mais cependant je dois faire observer que je ne puis guères consacrer qu'une demi-heure à l'examen des articles qui sont insérés dans le *Journal de Rouen* : je n'ai pas eu, moi, comme M. le procureur-général, un mois pour réfléchir sur leur contexte. (On rit.)

M. LE PRÉSIDENT : Cette observation rentrera dans vos moyens de défense. — La parole est à M. le procureur-général.

M. LETENDRE DE TOURVILLE, avocat-général, donne lecture du réquisitoire suivant :

Messieurs les jurés,

Vous avez revêtu le caractère auguste de juges, vous tenez à en remplir les devoirs : le premier de tous est l'impartialité ; n'écouter ni la haine ni l'affection, tel est le serment solennel qui vous lie, et il nous est commun avec vous : aussi, ne nous entendrez-vous pas tenir un langage indigne et de vous et de nous également, et faire un indiscret appel à vos sentimens. Non, Messieurs, dans cette enceinte, nous ne connaissons plus d'autre sentiment que celui d'un amour sincère et ardent de la vérité, car la vérité seule est la justice ; voilà toute la pensée qui nous conduit constamment dans l'examen de toutes les préventions. Nous devons maintenant vous dire en quoi consiste celle que nous avons à soutenir devant vous, et dans quelle circonstance elle s'est formée.

Un attentat contre la personne du roi venait d'alarmer la France : il était permis d'espérer que chacun se serrerait autour du prince, à peine échappé à un si grand péril ; que tous, à l'aspect du danger couru par le chef de l'état, oubliant, pour un instant du moins, les dissentimens politiques, se réuniraient pour déplorer le crime, pour le détester, pour s'efforcer d'accroître l'horreur qu'il inspirait, pour en prévenir non-seulement le retour, mais encore jusqu'à la pensée. Ce rôle, il appartenait à la presse. C'était à elle qu'il appartenait sans doute de donner l'impulsion à ce beau et utile mouvement : elle aurait ainsi bien mérité de la patrie.

Loin de là, plusieurs feuilles publiques, et notamment le *Journal de Rouen*, ont marché à grands pas dans une direction tout opposée. Elles ont fait tous leurs efforts pour amoindrir la monstruosité du régicide, le réduire aux proportions d'un meurtre ordinaire, pour ne laisser voir dans le régicide rien de plus que l'assassinat d'un simple citoyen ; pour présenter ensuite le gouvernement du roi comme marchant incessamment dans le sang, parce que la grâce n'est pas descendue sur de grands coupables ; pour représenter enfin le gouvernement comme livrant à la torture un condamné, afin d'attacher ensuite à sa mémoire un reproche de pusillanimité. Voilà la marche de la presse ; voilà, Messieurs, quels sont les faits qui ont servi de texte à la prévention, et le moment est venu de la justifier, en vous faisant connaître chacun des passages incriminés.

M. L'AVOCAT-GÉNÉRAL lit la phrase suivante, extraite du numéro du 30 juin 1836.

« Moralement et politiquement parlant, aujourd'hui l'assassinat d'un roi n'est pas une plus grande monstruosité que l'assassinat de tout autre citoyen ; l'un et l'autre sont également exécrables et punissables ; l'un et l'autre outragent la conscience publique, et mériteront toujours la plus forte des peines que la raison humaine et sociale se croira le droit d'infliger : mais l'un n'est pas un plus grand sacrilége que l'autre, et n'appelle pas d'appareil de réparation plus élevé et plus sonore. »

Votre intime conscience, continue M. l'avocat-général, en poursuivant la lecture de son manuscrit, ne s'est-elle pas révoltée à la lecture d'aussi funestes sophismes ? Eh quoi ! moralement, l'assassinat d'un roi n'est qu'un assassinat ordinaire ! Mais, est-ce donc qu'il s'agit uniquement, dans le meurtre d'un roi, d'une existence privée ? N'est-ce donc plus la nation tout entière qui est attaquée dans la personne du chef qu'elle s'est choisi ? La guerre civile, les plus grandes perturbations dans la société , ne sont-elles pas toujours les conséquences inévitables de la mort violente d'un roi ? Et moralement, ce ne serait pas une plus grande monstruosité que l'assassinat de tout autre citoyen ! Une idée aussi fausse et aussi fatale n'a pas besoin d'une plus longue réfutation.

M. l'avocat-général soutient ici que dire que le régicide, politiquement parlant, n'est pas le plus grand des crimes, c'est dénier l'inviolabilité particulière attachée à la personne sacrée du roi; c'est restreindre cette inviolabilité à la garantie commune accordée à tous les citoyens. Le prévenu, continue-t-il, a donc également commis le délit d'attaque contre l'inviolabilité de la personne du roi. Funestes doctrines qui ouvrent , vers la poitrine des rois , une voie plus large aux vengeances particulières, au glaive du fanatisme politique, et qui ne laisse voir au meurtrier qu'un crime privé dans un crime public !

M. l'avocat-général trouve encore dans le passage qu'il vient de lire le délit d'attaque contre le respect dû aux lois. La loi a distingué le parricide de l'assassinat ordinaire. Elle défère à la cour des pairs l'attentat contre la vie du roi. Elle ne connaît pas de plus grand sacrilége que cet attentat. Dire que la loi ne doit pas faire de distinction, c'est méconnaître que l'attentat contre la vie du roi est le plus grand des sacriléges.

Cette dernière conséquence, tirée d'un tel raisonnement, constitue l'attaque contre le respect dû aux lois.

M. l'avocat-général passe au second fragment d'article incriminé :.

« Hier, à minuit, on savait dans Paris que la générosité du cœur du roi n'avait pu avoir son cours, et que le droit de grace, dont il peut user d'ailleurs sans consulter son conseil, ne serait pas exercé. »

Il voit dans cet article une attaque, sinon formelle, au moins intentionnelle, contre l'inviolabilité royale. Il ne faut pas que le corps du roi seulement soit mis à l'abri d'attaques; il faut aussi que sa personne morale demeure inattaquée. Vainement, la charte aura dit que la personne du roi est inviolable et sacrée , que les ministres sont responsables, si tous les jours la critique de la presse est dirigée contre la personne du roi, si sa responsabilité morale et personnelle est tous les jours engagée. Bientôt le respect s'efface, les haines se forment, s'aigrissent, se concentrent, et, ne pouvant autrement se satisfaire, éclatent en complots et en attentats.

Après avoir rappelé dans quelles circonstances l'article a été écrit, et soutenu qu'il emprunte à ces mêmes circonstances un haut degré de gravité, M. l'avocat-général passe au troisième fragment d'article incriminé :

« La tête d'Alibaud a roulé sur l'échafaud, presque la nuit, furtivement ; il semblait que ce fût un crime que l'on commît. Et pourtant un déploiement de force très-considérable semblait faire croire qu'on craignait une émeute. Ainsi, on opposait 6,000 hommes aux intentions supposées des partis de délivrer Alibaud ; on empêchait le peuple de pénétrer sur cette place si souvent rougie de sang depuis quelques années, et, pourtant, tous les réquisitoires, toutes les réflexions des journaux ministériels nous montrent sans cesse la France comme repoussant tout entière les factions et leurs dévoués, et prête, s'ils réussissaient enfin à frapper le chef du pays, prête, disons-nous, à exécuter, contre les partis, une Saint-Barthélemy nouvelle.

» Ces odieuses menaces, nous le répétons, expriment la confiance où sont, de leurs forces, les hommes du pouvoir qui ont les sentimens de MM. Martin (du Nord), Bugeaud et autres. Cette confiance contrastait singulièrement avec un pareil déploiement de forces sur le lieu de l'exécution. Voilà donc les résultats de la civilisation qu'on disait si fort en progrès depuis 1830 ! En cinq mois, quatre têtes sont tombées sur l'échafaud : le bourreau est aujourd'hui un personnage, et la guillotine ne se repose plus. »

M. l'avocat-général soutient que le journaliste, dans ce passage, attaque l'inviolabilité royale, en faisant remonter la responsabilité des actes du gouvernement jusqu'au roi lui-même.

Vous avez vu, dès les premiers mots de ce passage, à quelles exagérations entraîne la passion de tout attaquer ; et pourtant ne savez-vous pas que le *Journal de Rouen* a hautement approuvé le choix du lieu et de l'heure qui dérobait à notre ville le sanglant spectacle du dernier supplice ?

Que n'a-t-on pas dit sur l'usage qui faisait choisir le

centre des villes pour le lieu des supplices, et sur l'heure également choisie pour que le plus grand nombre d'yeux en fussent frappés? Non, Messieurs, non, rien ne ressemble au crime dans l'exécution des arrêts de la justice.

M. l'avocat-général s'étonne de ce que le journaliste, à mauvaise intention, ait rappelé que quatre têtes étaient tombées, en cinq mois, sous la hache du bourreau. Il rappelle quelle était l'atrocité du crime de Fieschi. Les meurtriers, dit-il, s'étaient montrés sans pitié comme sans remords; ils n'avaient pas reculé devant le nombre des victimes qu'il fallait immoler pour atteindre la personne du prince. C'est dans ces circonstances qu'on attaque le gouvernement, qu'on l'accuse d'avoir fait du bourreau un personnage. Une semblable accusation, je le conçois, peut peser avec justice sur une époque qui s'était imposé à elle-même le funeste nom de régime de la terreur.

Mais, sous le gouvernement de juillet, celui de tous les gouvernemens qui a le plus effacé de nos codes la peine de mort, et qui a le plus rarement de tous fait dresser l'échafaud, dire qu'on fait du bourreau un personnage, c'est assimiler ce gouvernement au régime de 1793. Une pareille imputation, faite en 1836 au gouvernement, est la plus violente des excitations à la haine et au mépris contre le gouvernement du roi.

On lit encore dans le *Journal de Rouen :*

« On avait tellement serré la courroie qui liait les jambes d'Alibaud, qu'il eut beaucoup de peine à monter sur l'échafaud, et que les aides furent obligés de l'aider pour qu'il ne trébuchât point. On espérait que cette précaution l'aurait fait chanceler, et que la foule aurait cru de loin qu'il tremblait et qu'il ne pouvait supporter la vue de l'appareil du supplice. Il est mort courageusement, et on n'a pu le calomnier à son moment suprême, comme on l'a fait à la cour des pairs. »

Messieurs les jurés, lorsqu'un grand attentat exige l'application de la peine de mort, peine terrible qui, suivant l'expresssion de l'immortel Montesquieu, est comme le remède de la société malade, le condamné devient une personne sacrée. La moindre torture morale ou physique ajoutée à son supplice serait plus qu'une violation de nos lois, ce serait une attaque faite aux premiers sentimens de l'humanité. C'est cependant un acte pareil que signale l'article incriminé.

Mais si cet acte était vrai, il n'y aurait pas assez de haines vertueuses, il n'y aurait pas assez de mépris d'honnête homme pour un pareil outrage fait à la cause de l'humanité. Rassurez-vous, Messieurs, de pareilles atrocités n'ont pas été commises, et il ne reste de tout cela que la calomnie odieuse qui s'est attachée au gouvernement pour signaler ses actes à la haine et au mépris.

Tels sont les délits dont nous venons demander la répression à vos consciences ; c'est à elles que nous nous sommes toujours adressés. Dans ce sanctuaire, seules elles doivent parler, et la voix des partis doit se taire. Nous avons dit les raisons qui nous ont convaincu de la culpabilité des articles incriminés, et celles que nous avons puisées dans les réflexions que fait naître la simple lecture de ces articles. A votre tour, Messieurs les jurés, lisez-les, jugez-les, vos esprits, nous n'en doutons pas, partageront nos impressions. En conséquence, nous persistons avec confiance dans les préventions diverses dirigées contre le gérant du *Journal de Rouen*.

Mᵉ **SENARD**, avocat du *Journal de Rouen*, prend la parole au milieu du plus profond silence:

Messieurs les jurés,

Le ministère public a fait de vains efforts pour vous faire prendre au sérieux l'accusation portée contre le journal que je défends. Le bon sens public n'a pas été un seul instant dupe des véritables motifs de cette poursuite ; il y a vu une manœuvre habile, pratiquée pour opérer une diversion à la plainte du *Journal de Rouen* contre une audacieuse violation de la loi qui règle les devoirs de l'administration des postes; il y a vu une tactique savante, quoiqu'un peu usée, et qui consiste à forcer à se défendre l'adversaire dont les attaques deviennent par trop embarrassantes. Je le dis avec confiance, Messieurs les jurés, pas un des lecteurs habituels du *Journal de Rouen*, pas un des hommes qui suivent chaque jour avec attention la polémique, l'esprit de cette feuille, ne s'y est mépris; et bientôt, quelques faits qui ne pourront être contestés, et un rapprochement de dates tout-à-fait accablant, ne permettront à aucun de vous la moindre hésitation à cet égard.

Je vous ai dit que le seul but de l'accusation en présence de laquelle nous sommes, avait été d'opérer une diversion aux attaques dirigées par le *Journal de Rouen* contre une flagrante violation des lois. Quelqu'un pourra-t-il en douter, quand tout-à-l'heure je vous donnerai la preuve que ces articles si durement incriminés, si évidemment coupables, vient-on de dire, que la simple lecture doit suffire pour vous décider à les condamner, ont tous, sans aucune exception, été jugés innocens par le parquet même qui les poursuit aujourd'hui ? Et si, en ce moment, quelques-uns de vous pouvaient éprouver une impression contraire, en vérité, je n'en aurais nul souci; car vous êtes tous gens éclairés et de bonne foi, et vous ne tarderiez pas à reconnaître que l'apparence de culpabilité qui vous aurait un moment frappés, tenait tout entière à la manière dont les articles vous ont été présentés, et surtout à l'art bien connu du fractionnement employé ici par l'accusation. Vous verrez en effet, Messieurs, comment quatre lignes, adroitement détachées d'un journal, peuvent offrir un sens coupable au premier aspect, alors même que l'article auquel elles appartiennnent est non-seulement pur de tout délit, mais constitue, je prends l'engagement formel de vous le prouver, l'œuvre d'un bon citoyen, une œuvre dont aucun de vous, quelles que soient d'ailleurs vos opinions politiques, ne voudrait refuser la responsabilité.

On a souvent cité, Messieurs; on a répété jusqu'à l'abus ce mot du fameux Laubardemont : « Donnez-moi deux lignes de l'écriture de qui vous voudrez et j'y trouverai de quoi le faire pendre. » Moi, je vous dis hardiment : Donnez-moi, dans quelque ouvrage que ce soit, la page que vous voudrez, celle que vous aurez le mieux étudiée, le mieux choisie; autorisez-moi seulement à en découper deux lignes sans l'accompagnement de celle qui précède et de celle qui suit, et je me fais fort, et cela sans vanité aucune, d'y trouver et de vous y faire reconnaître un beau délit, un délit bien constitué d'excitation à la haine et au mépris du gouvernement du roi, ou tout au moins, si vous l'aimez mieux, d'outrage aux lois et à la morale publique.

Ce n'est pas d'aujourd'hui qu'on a entrepris de fractionner des articles de journaux pour parvenir à échafauder contre eux des accusations qui manquent de fondement; ce système fut plus d'une fois employé par les procureurs-généraux de la restauration : mais à cette époque il y eut de bonnes et spirituelles représailles; des avocats apportèrent à l'audience des passages détachés d'ouvrages qu'ils ne nommaient pas. L'existence de Dieu y était niée, les principes les plus respectables y étaient impudemment méconnus : tout le monde se soulevait d'horreur, et puis, vérification faite, il se trouvait que ces lignes détestables étaient littéralement extraites ou de Bossuet, ou de Massillon, ou de Pascal. En vérité, cette tactique de fractionnement fut alors si bien et si complètement déjouée, qu'il est incroyable qu'on vienne encore y recourir.

Je ne vous fatiguerai pas de ces citations, qui, pour beaucoup d'entre vous, seraient de fastidieuses redites ; mais je vous proposerai une épreuve qui serait beaucoup plus piquante si M. l'avocat-général voulait bien y consentir. Certes ce magistrat vient de prononcer une harangue bien orthodoxe à tous égards. Eh bien ! qu'il me la livre un quart-d'heure, avec le droit de la découper comme je l'entendrai, et je prends l'engagement d'en extraire facilement quatre ou cinq délits prévus par les lois de septembre 1835. (On rit.)

C'est ainsi, Messieurs, qu'on a opéré avec le *Journal de Rouen*, et si ma mission ne devait consister qu'à détruire la partie matérielle de l'accusation, qu'à discuter un à un les mots qu'elle nous impute à crime, qu'à justifier les paragraphes qu'elle a choisis pour les incriminer, je me contenterais de vous lire en entier les articles auxquels ces paragraphes ont été empruntés, et de vous rappeler les circonstances dans lesquelles ils ont été écrits ; mais, s'il est certain pour moi qu'une discussion de ce genre devrait suffire à l'obtention d'un verdict d'acquittement, elle ne suffirait pas à la cause que je suis chargé de défendre.

C'est la première fois, depuis la révolution de juillet, que le *Journal de Rouen* est traduit à cette barre ; mais ce n'est pas la première fois qu'on l'accuse, et qu'on cherche à faire prendre le change sur les intentions de ses rédacteurs. Tant que les calomnies et les dénonciations dont il a été l'objet sont restées ensevelies dans des feuilles qui font métier et marchandise de la délation et de l'injure, le *Journal de Rouen* les a méprisées ; mais aujourd'hui que ces dénonciations reçoivent une sorte de sanction dans les poursuites du ministère public, aujourd'hui que le *Journal de Rouen* comparaît comme accusé devant la justice, ses rédacteurs éprouvent le besoin de vous présenter une défense complète, et de donner au pays, dont vous êtes les représentans, des explications larges et consciencieuses sur leurs actes et sur la pureté de leurs intentions.

Le *Journal de Rouen* compte 50 ans d'existence ; ce

fut long-tems une feuille destinée aux nouvelles, et qui
n'avait aucune couleur politique. En 1828, il changea de
propriétaires, et prit rang au nombre des feuilles dépar-
tementales de l'opposition. La rédaction du journal ainsi
reconstitué fut confiée à des hommes éclairés, conscien-
cieux et vraiment amis de leur pays. Aussi, dès les premiers jours, cette rédaction fut-elle ce qu'elle a toujours
été depuis, ce qu'elle est encore aujourd'hui, franche,
indépendante, hardie, parfois rude, mais toujours loyale,
évitant avec soin les personnalités, les détails qui blessent
ou font naître du scandale sans aucun avantage pour la société; mais aussi, se souciant peu de heurter les personnes
quand il s'agit de proclamer des vérités utiles, et en toute
occasion faisant preuve de son respect pour la loi, de son
dévoûment à la cause du progrès et de la liberté.

La rédaction du *Journal de Rouen* n'a jamais changé
depuis son origine. Les propriétaires sont restés les mêmes,
les rédacteurs qui l'avaient fondé lui donnent encore leur
concours, et ses deux nouveaux rédacteurs ont avec les
anciens une communauté de sentimens et de principes qui
ne permettait aucune déviation dans la ligne que le journal
avait suivie. Vous les avez tous en ce moment devant
vous; gens de cœur et de conviction, disant tout haut leurs
noms, offrant leur vie entière comme garant de la
pureté des sentimens qui les animent, et rédigeant avec
courage et bonne foi une feuille qui ne contient pas un
mot dont ils n'acceptent tous la responsabilité. Aussi, bien
qu'ils aient toujours abordé avec franchise les questions les
plus irritantes, bien qu'ils n'aient jamais fait aucune concession aux habitudes et aux préjugés du pays; bien que
souvent ils n'aient pas craint de froisser les intérêts lo-
caux dans l'intérêt général, et, par exemple, de défendre
loyalement la cause de la liberté commerciale dans un
département où tant d'intérêts se croient liés au système
prohibitif, le registre des abonnemens est là pour attes-
ter que le pays a su les comprendre et les apprécier. C'est
en vain qu'on a tenté de dénaturer leurs pensées, de calomnier leurs intentions : l'opinion publique n'a jamais
abandonné l'un de ses organes les plus énergiques et les
plus dévoués; jamais elle n'a cessé d'encourager, de soutenir ceux que je défends, et, en ce moment même, elle
les protège de son égide contre les coups de l'accusation.
(Sensation.)

Un tel journal devait nécessairement être bien accueilli
par la population franche et sage au milieu de laquelle
nous vivons; mais, en même tems, il devait fortement
déplaire aux agens du pouvoir. De nombreux abonnés s'at-

tachèrent à lui ; mais il lui fallut se défendre contre des haines et des dénonciations d'abord, contre des poursuites plus tard.

La restauration entra en lice avec lui en 1829. Alors, comme aujourd'hui, on avait étalé un grand luxe de délits et de dispositions de lois pénales, et, chose remarquable, la restauration lui imputait précisément les mêmes délits qu'on lui impute encore aujourd'hui : 1° provocation à la désobéissance aux lois ; 2° attaque formelle contre l'autorité royale ; 3° excitation à la haine et au mépris du gouvernement du roi. Alors, Messieurs, nous n'avions pas la garantie du jury : c'était devant le tribunal correctionnel que le journal avait à se défendre. Il n'avait pas à répondre devant des jurés institués pour protéger la liberté de la presse, mais devant des magistrats ; mais ces magistrats étaient des hommes intègres et courageux (1) : ils apprécièrent l'esprit de la feuille qui leur était déférée, ils pensèrent qu'il serait pitoyable de s'attacher à quelques mots, à quelques phrases qui pouvaient présenter un sens douteux ou répréhensible, pour frapper un journal dont le patriotisme vrai et sincère ne pouvait être mis en question ; et, sur la plaidoirie de mon honorable confrère, Mᵉ Daviel, qui, aujourd'hui, a voulu qu'à mon tour je fisse ma tâche, et qui s'est contenté du rôle modeste de conseil, le tribunal, par un jugement du 20 novembre 1829, prononça l'acquittement du *Journal de Rouen*. Belle et grande leçon donnée par la magistrature au pouvoir qui, alors, s'acharnait contre la presse ; leçon malheureusement restée stérile comme bien d'autres !

Quelques mois plus tard, un aveuglement fatal entraîna les Bourbons de la branche aînée à tenter la destruction complète d'une liberté qui leur était devenue odieuse. La révolution de juillet fut le résultat de cette tentative.

Est-ce au sein de notre cité, Messieurs, qu'il me faudra rappeler quelle fut, dans ces mémorables circonstances, la conduite de ceux que je défends aujourd'hui devant vous ?

Vous savez tous que c'est du *Journal de Rouen* que partit le premier signal de la résistance à l'arbitraire.

Oh ! nos souvenirs de juillet ! Oh ! quel admirable courage, quel patriotisme sincère, quelle abnégation de tout intérêt personnel firent éclater alors ces hommes inculpés aujourd'hui d'infraction aux lois de leur pays !

C'était le 27 juillet qu'on leur notifiait les ordonnances. Alors nous ignorions complètement ce qui pourrait se passer à Paris, nous ignorions si les journaux de la ca-

_____

(1) Le tribunal était présidé par M. Letourneur, qui, dès cette époque était vice-président depuis plusieurs années.

pitale accepteraient le joug qui leur était préparé, si la population parisienne laisserait se consommer le sacrifice de nos institutions; mais eux:—« Que nous importe ce que feront les autres! Faisons notre devoir, disaient-ils; la presse est la sentinelle avancée de la société, elle a accepté la mission de l'éclairer par sa parole, il faut qu'elle l'éclaire, qu'elle l'échauffe, qu'elle l'entraîne par son exemple. Il faut qu'elle soit la première à montrer au pays qu'aucun sacrifice ne doit coûter quand il s'agit de défendre la liberté. » (Sensation prolongée.) Et quand nous, tout prêts à nous associer à leur résistance, nous leur faisions observer toutefois qu'ils engageaient bien plus que nous dans la lutte, et qu'ils y compromettaient leur propriété et l'avenir de leurs enfans, il fallait voir avec quelle vigueur ces conseils de l'amitié étaient repoussés ; il fallait voir comme leurs familles elles-mêmes s'associaient à leur généreux dévoûment !

Ah! puis-je oublier jamais qu'une femme bien simple, bien modeste, bien dévouée à son mari et à ses enfans, nous reprochait avec énergie de chercher à le faire hésiter ! — « Eh ! Monsieur, me disait-elle, si nos presses sont brisées, si mon mari est ruiné, forcé de s'exiler du pays où son industrie nous avait acquis une position honorable, — il a des bras, il travaillera. Et moi, je serai forte, je travaillerai aussi, s'il le faut ! et j'aime mieux voir mes enfans manger un pain trempé de la sueur de nos fronts, que de leur conserver une aisance qu'il faudrait acheter par une lâcheté ! » (Mouvement général, profonde sensation.)

Celle qui me parlait ainsi, Messieurs, c'est la femme d'un des propriétaires du *Journal de Rouen;* c'est la sœur de celui sur la tête duquel le ministère public vient d'appeler tout-à-l'heure les amendes et la prison!

Ah ! tandis que ceux qui nous poursuivent aujourd'hui tremblaient alors pour les places que la restauration leur avait données ; tandis qu'ils cherchaient à se composer un langage qui pût les tirer d'affaire à tout événement, ceux-ci consommaient noblement leur généreux sacrifice ! La force armée cernait leur demeure et n'attendait que l'ordre d'y pénétrer:—des barricades se formaient à la hâte pour en défendre l'entrée, et ils profitaient de ces instans, peut-être les derniers qu'ils pourraient dérober à l'oppression, pour adresser à leurs concitoyens des pages brûlantes, et pour leur signaler énergiquement le parjure et la violation de la constitution !

Il vous souvient à tous de ces feuilles composées, imprimées en présence même des gendarmes qui assiégeaient les presses, de ces journaux transmis par les maisons voisines et jetés par les fenêtres à une population palpitante dont ils exaltaient l'enthousiasme !

Et quand on reçut la nouvelle que Paris se levait aussi pour la défense de nos libertés, et que, dans les rues de la capitale, s'engageait cette grande bataille qui, en trois jours, devait renverser un trône et relever nos glorieuses couleurs, quelle voix s'écria : *Courons au secours de nos frères !* quels hommes conçurent cette grande pensée du départ des volontaires rouennais dont la simple annonce jeta l'effroi et le découragement dans l'ame de ceux qui luttaient encore contre la population parisienne !!!

Et ce n'étaient pas là de vaines paroles ! Aussitôt que la contenance ferme et intrépide des hommes du *Journal de Rouen* et le concours de la population tout entière venue à leur aide, eurent forcé les autorités de la ville à renoncer à leurs projets d'attaque, on vit les principaux rédacteurs partir pour la capitale, le sac sur le dos, en simples volontaires, et prouver ainsi que le courage civil n'était pas le seul dont ils pussent donner l'exemple à leurs concitoyens ! (Nouveau mouvement.)

Et la suite a bien prouvé, sans doute, quels sentimens les faisaient alors agir !

Eux qui avaient tout compromis, tout sacrifié, leur propriété, leur fortune, leur liberté, leur vie peut-être, quand est venu le jour du triomphe, en ont-ils demandé leur part ?.... Ont-ils accepté quelques faveurs, quelques places?

Eh! mon Dieu, non! ils n'ont ambitionné qu'une seule récompense, le sentiment d'un devoir noblement rempli, la reconnaissance et l'estime de leurs concitoyens.

Cette récompense, ils l'ont obtenue, Messieurs, et je suis fier de vous le dire : c'est de cette époque qu'il m'a été donné de connaître et de juger ces hommes ; c'est de cette époque que datent les relations d'estime et d'affection qui me valent aujourd'hui l'honneur de les défendre devant vous.

Mon Dieu! mon Dieu! qui m'eût dit, il y a six ans, qu'un jour viendrait où j'aurais à leur rendre ce témoignage dans l'enceinte d'une cour d'assises? Qui m'eût dit, il y a six ans, qu'en 1836, un procureur-général choisirait le 30 juillet, le jour anniversaire de tant de services rendus, de tant de sacrifices faits, pour diriger une poursuite criminelle contre le *Journal de Rouen!*.. (Vive impression.)

Si j'ai reporté vos souvenirs sur ces jours, déjà si loin de nous, ce n'est pas seulement pour vous faire apprécier le caractère de mes cliens, c'est aussi pour vous montrer la ligne politique qu'alors ils se sont tracée et dont ils n'ont jamais dévié. À cette époque d'août 1830, dans ces jours qui suivirent la victoire populaire, chacun disait librement son avis sur la forme du gouvernement à constituer. Et alors, les gens de cœur, que leurs convictions politiques rattachaient à la forme monarchique, pouvaient hautement proclamer cette opinion, dont l'expression serait presque une lâcheté aujourd'hui que les lois de septembre 1835 ont interdit l'expression d'une opinion contraire. Le *Journal de Rouen* n'hésita pas un seul instant à se prononcer. Dès le 2 août, il écrivait que le rétablissement d'une monarchie était le seul élément d'ordre auquel la société pût se rallier, et il accueillait avec empressement la déclaration de la commission administrative du département, qui n'admettait à cet égard aucune équivoque.

Mais, en même tems, il exprimait nettement sa pensée. Il demandait le pouvoir royal, non tel que la restauration avait tenté de le reconstituer, avec le droit divin et avec des débris empruntés à la constitution de l'ancienne monarchie; mais le pouvoir royal confié à un prince appelé au trône par le suffrage populaire, et, à côté de cette institution, dont l'hérédité devait nous préserver de bouleversemens nouveaux, des institutions populaires vigoureuses, toutes favorables au développement de la liberté!

Le programme du *Journal de Rouen*, c'étaient nos beaux rêves d'alors.

A l'extérieur, une politique noble et généreuse! La France redressant son front trop long-tems courbé sous les traités humilians de 1815, tendant la main aux peuples qui nous étaient restés fidèles aux jours du malheur et qui n'avaient cessé de voir en nous des frères, réalisant cette sainte-alliance des peuples si noblement pressentie par notre Béranger, et relevant bien haut, en face de l'Europe, ses trois couleurs devenues le symbole de sa grandeur, de sa gloire et de sa liberté! (Applaudissemens.)

Au-dedans, l'application constante des principes de notre grande révolution de 1789; toutes les forces sociales employées au développement de la richesse publique et à l'accroissement du bien-être de tous; je dis de tous; car il n'oubliait pas le peuple, le *Journal de Rouen*, le peuple si beau, si grand, si vîte revenu à ses habitudes modestes et laborieuses, et il disait aux gouvernans : « Ne l'oubliez pas non plus, moralisez-le, donnez-lui du travail et de l'éducation, créez de grandes entreprises, organisez de grands travaux d'agriculture et d'industrie qui fécondent les sources de la prospérité nationale et amènent une plus égale répartition des avantages sociaux ! »

Reportez-vous un moment aux premiers tems qui suivirent l'établissement de notre gouvernement ! Vous ne retrouverez dans le *Journal de Rouen* pas ou presque pas de discussions de politique proprement dite. Vous le voyez alors presque entièrement rempli d'articles sur l'éducation publique, sur les moyens de favoriser l'essor de l'agriculture, du commerce, de l'industrie ! La feuille est toute consacrée à des questions d'économie politique traitées souvent avec un talent remarquable, et presque toujours, dans ces questions, la presse rouennaise devance la presse parisienne.

Malheureusement, il fallut bientôt renoncer à l'espérance de voir le gouvernement s'engager dans ces voies de progrès et d'amélioration. Il arriva, en France, ce qui était peut-être inévitable; il arriva qu'après cette révolution si unanime quand il s'était agi de détruire, on se divisa quand il s'agit de recréer, d'organiser, de mettre quelque chose à la place de ce qui n'était plus.

Les hommes qui avaient pris une part active à la révolution de juillet, qui avaient vu de près ce peuple si admirable et si méconnu, gardèrent toute confiance dans les principes qui venaient de triompher. Convaincus que la nation française était mûre pour la liberté, ils pensèrent que les mouvemens, que les agitations qui suivirent la révolution de juillet, n'avaient rien qui dût effrayer ou surprendre, et que seulement le devoir du gouvernement était d'ouvrir à cette effervescence de larges issues, de profiter même de cette exaltation, de cette fièvre d'activité, qui, habilement dirigée, devait être féconde en résultats grands et utiles.

D'autres, qui n'avaient vu la révolution que de loin, et qui cédaient à une préoccupation toute différente, s'effrayèrent de cette surabondance de vie, de ces désirs inquiets d'améliorations et de progrès qui éclataient de toutes parts. Ils n'en aperçurent que les dangers; ils ne virent que la nécessité de les contenir, d'opposer des digues puissantes à une ardeur qui leur paraissait devoir amener des crises nouvelles ; et, par suite, leur politique dut être de renforcer le pouvoir et de restreindre la liberté. Je le dis avec une triste et profonde conviction, malheureusement pour notre patrie, le pouvoir resta aux mains de ceux qui avaient désespéré d'elle. Alors commença une lutte dans laquelle chaque jour vit remettre en question des principes que la révolution de juillet semblait avoir à jamais conquis et consacrés. Ceux qui avaient tout sacrifié pour elle durent, les premiers, se jeter sur la brèche pour la défendre, et bientôt ils se trouvèrent avec douleur reportés dans l'opposition. Alarmés, étonnés d'abord de cette attitude qu'ils se voyaient forcés de prendre avec un gouvernement qu'ils avaient appelé de tous leurs vœux, les rédacteurs du *Journal de Rouen*, je le dirai franchement, éprouvèrent un moment d'hésitation. Ils craignirent de se fier à eux-mêmes : ils voulurent reconnaître la voie nouvelle et tout inattendue dans laquelle chaque jour les engageait. Ils levèrent les yeux plus haut.

Trois hommes avaient, après nos grandes journées, commandé à la nation une juste confiance. Trois hommes s'étaient en quelque sorte portés les cautions du gouvernement nouveau.

C'était le vénérable Lafayette, c'était Laffitte, que Rouen s'honore de compter aujourd'hui au nombre de ses représentans ; c'était Dupont (de l'Eure), dont le nom, dans cette enceinte, moins que partout ailleurs, n'a besoin d'être accompagné d'aucun éloge.

Le *Journal de Rouen* regarda quelle ligne suivaient ces hommes dont il avait toujours été fier de partager et de suivre les principes.

Il vit Lafayette souffrant d'une déception cruelle, mourant avec le chagrin des maux qui allaient accabler son pays, et ses funérailles devenues l'occasion de manifestations hostiles au pouvoir.

Il vit Laffitte, qui avait tout sacrifié, non-seulement à la révolution de juillet, mais à ceux mêmes qui en ont recueilli les fruits, désolé d'avoir accompli son œuvre, en demandant hautement pardon à Dieu et à la France ; Laffitte contraint de se placer parmi les adversaires de ce gouvernement qu'il avait fondé !

Il vit Dupont (de l'Eure)! Ah!... Messieurs! il m'a été plus d'une fois donné de recueillir ses douleurs, et ce n'est pas ici que j'en rappellerai la profonde amertume....

Voilà, Messieurs, ce que vit le *Journal de Rouen*. Et certes, quand ces grands citoyens étaient venus se placer

aux premiers rangs de l'opposition, il sentit qu'il pouvait y marcher avec la certitude de ne pas faire fausse route, puisqu'il suivait encore ceux qui avaient toujours été ses chefs de file.

Vous savez, Messieurs, ce qui s'est passé depuis. Je n'ai pas la prétention de dérouler devant vous tous les actes de la politique extérieure et intérieure suivie par le gouvernement dans les années qui viennent de s'écouler, et de justifier ainsi, tâche trop facile, l'opposition du *Journal de Rouen*. Je parlerai seulement de ce qui va se rattacher directement à la moralité des articles incriminés.

Le système de la résistance, hautement proclamé par le pouvoir, devait faire naître de nombreux mécontentemens et une vive irritation. Il fallut bientôt des mesures plus énergiques pour en comprimer l'expression. L'arsenal des lois de la restauration ne suffit plus; il fallut de plus dures armes pour venir en aide aux hommes de la réaction.

Remarquez ici, Messieurs, que j'emploie les mots consacrés par les hommes mêmes aux mains desquels la direction des affaires fut confiée. De la résistance on arriva à la réaction; de la réaction à l'intimidation : cette marche était logique. On y fut mené naturellement et par la force des choses. De conséquences en conséquences, la progression est facile à saisir. Mais quand on regarde en arrière, et qu'on demande au passé des enseignemens pour l'avenir, ne voit-on pas à quelles fatales et dernières conséquences la marche logique des choses peut conduire le gouvernement actuel?

Dans ces différentes phases suivies par le pouvoir, et dont chacune fut marquée par des atteintes nombreuses portées à nos libertés, la presse, sentinelle avancée, dut pousser de longs cris d'alarme. Elle signala avec énergie au pays la violation flagrante de ses droits; elle signala au gouvernement lui-même les périls de la carrière dans laquelle il s'engageait. Elle rappela les leçons du passé. Elle dit que, dans l'état actuel des esprits, rien ne pouvait être plus dangereux qu'un système qui étouffait et comprimait la manifestation de la pensée.

Elle disait, se servant à cet égard d'une comparaison devenue triviale, que le gouvernement était dans la position d'un homme qui, sur un bateau à vapeur, s'éleverait contre l'emploi des soupapes de sûreté, se plaindrait du bruit et des désagrémens qu'elles occasionnent, et préférerait leur suppression, pour son repos, à l'ennui et à la

fatigue du sifflement de la vapeur. Certes, la prudence et la raison devraient lui dire : « Mais que faites-vous donc, insensé ! vous voulez la paix, le repos, la cessation d'un bruit qui vous importune ? Eh bien ! soit, vous n'entendrez plus le trop plein de la vapeur s'échapper en sifflant ; cette soupape incommode qui, tout-à-l'heure, se levait et retombait sans cesse, vous l'avez comprimée ; elle ne vous importunera plus. Soyez satisfait, tout est tranquille. Que la chaudière soit bien ou mal chauffée, que la machine soit bien ou mal conduite, que la vapeur s'amasse, fermente, bouillonne ; que vous importe ? vous lui avez fermé toutes les issues. Et maintenant, jouissez de votre ouvrage : tout est calme autour de vous ; le ciel est pur. Promenez-vous sur le pont.... Mais prenez garde ; car le premier craquement qui se fera entendre sera le signal d'une explosion qu'aucune force humaine ne pourra contenir, et dont vous serez infailliblement victime ! »

Voilà ce que la presse disait ; voilà ce qu'elle répétait chaque jour sous toutes les formes.

Eh ! mon Dieu ! l'expérience ne nous montre-t-elle pas que c'est ainsi que les choses se passent dans l'ordre moral !

Un homme est mécontent de la marche du gouvernement. Eh bien ! il se satisfait chaque matin en trouvant dans son journal l'expression de sa pensée. Malgré lui, il se prend à espérer que de justes réclamations, hautement et nettement formulées, doivent toujours finir par être entendues. Tel se confie au bon sens du pouvoir qui de lui-même reconnaîtra et réparera ses fautes ; tel autre met son espérance dans une manifestation de la volonté nationale, éclairée par la presse, sur ses droits et sur ses intérêts. Illusions peut-être, mais illusions salutaires à l'aide desquelles la marche de l'opinion publique reste constamment calme et régulière !

Mais ces clameurs sont fatigantes et importunes ! Eh ! laissez-les s'exhaler, laissez dire tout haut ce qu'on pense, l'irritation diminue quand on a pu se plaindre librement, et à tout événement, n'est-ce pas un avantage réel pour vous de savoir où vous en êtes, et de connaître avec certitude l'état de l'opinion du pays ? Voulez-vous au contraire étouffer la liberté de parler et d'écrire ? Plus de cris, plus d'avertissemens, plus de bruit ; autour de vous tout est serein, tout est tranquille : mais, derrière ce calme apparent à la surface, vous n'aurez qu'une sécurité trompeuse. Sous vos pas grondera une fermentation sourde, et vous ne serez avertis que trop tard, au jour de l'explosion!

Les exemples que la restauration nous a légués doivent-ils donc être tous perdus? L'histoire des complots et des conspirations n'y est-elle pas écrite par l'histoire même de la liberté de la presse? Et ne voyez-vous pas la tempête qui emporta Charles X et les siens éclater à l'instant où la censure est décrétée?

Voilà ce que n'ont pas voulu, ce que ne veulent pas comprendre les hommes auxquels les destinées de notre patrie sont confiées! Imprudens qui ne sentent pas que, dans la carrière où ils se sont lancés, chaque victoire est une défaite, chaque succès crée un nouveau péril!

Aussi voyez ce qu'ils ont fait dans ces dernières années.

Quelques journaux avaient adopté un langage trop violent peut-être, mais dont la violence même devait amener le discrédit. On les a poursuivis sans relâche, on les a écrasés sous le poids des réquisitoires et des amendes; et puis, comme les sympathies publiques se trouvaient naturellement excitées par le spectacle de cette persécution, on a été forcé d'en venir à punir les souscriptions politiques, à frapper d'une peine sévère quiconque s'aviserait de dire tout haut à quelle opinion il appartient et quelle forme de gouvernement lui paraît la meilleure. C'est ainsi que, de jour en jour, des lois nouvelles ont dû créer des délits nouveaux.

Des citoyens se réunissaient pour s'occuper des affaires publiques, ils disaient hautement leur façon de penser. Le gouvernement les voyait agir, il connaissait et leur nombre et leurs noms. Eh bien! pour faire cesser tout cela, le code pénal n'a plus suffi, et des lois spéciales sont venues atteindre le droit d'association lui-même.

Qu'est-il arrivé? Les associations ont été dissoutes, mais les violences exercées pour opérer cette dissolution ont accru encore l'irritation des esprits. Ce que la presse avait crié au pouvoir, et ce que le pouvoir n'avait pas voulu entendre, s'est promptement réalisé. On a cessé de conspirer en plein jour, on a conspiré dans l'ombre; et alors, il a fallu organiser une immense surveillance, tous les efforts du gouvernement ont dû se concentrer sur la police. Il a fallu confesser qu'en pleine paix avec l'Europe, on était dans la nécessité de tenir une armée sur le pied de guerre pour contenir les factieux. Toutes les forces sociales se sont gaspillées à guetter des complots, à prévenir ou à réprimer des conspirations.

Mais vous avez eu plein succès; vous avez su profiter

de cette espèce de lassitude qui suit les grandes agitations populaires. La nation a besoin de repos : elle assiste avec une sorte d'indifférence à ce qui se passe depuis six ans, et vos actes comme nos plaintes n'ont pu jusqu'ici l'émouvoir ; donc vous avez pu user à votre gré des forces qui vous étaient confiées ; vous avez traqué partout les conspirateurs et les mécontens ; vous en avez gorgé les prisons ; vous avez tout vaincu, tout dompté, tout étouffé, et il n'est pas de complot dont la trame, si bien ourdie qu'elle soit, puisse échapper à votre vigilance.

Soit ! Mais vous n'avez donc jamais songé aux résultats extrêmes d'une exaspération que la violence devait transformer en un véritable fanatisme ? Vous n'avez donc jamais pensé qu'après l'émeute publique, après les associations, après les complots, il reste encore au désespoir, il reste à la démence furieuse une ressource d'autant plus terrible, que toutes les lois, toutes les polices, toutes les armées sont impuissantes à en prévenir ou à en arrêter l'action ? Vous n'avez donc pas craint d'arriver de degrés en degrés à ce qu'il y a peut-être de plus épouvantable au monde, à l'individu isolé, au fanatique sombre, qui ayant épuisé toutes les autres voies, et ne pouvant plus en appeler ni à son pays, ni à ceux de ses concitoyens qui partagent ses convictions, en appelle à lui-même et à son poignard ?

Oh ! vous vous récriez bien fort contre une semblable idée ! Prophète de malheur, ennemi de son pays et de son roi, quiconque penserait que les rigueurs du pouvoir peuvent jamais amener de pareilles conséquences !

Hélas ! vous le savez, Messieurs, ces sinistres prophéties, c'est déjà de l'histoire.

En juillet 1835, un attentat à jamais exécrable est venu ensanglanter le plus beau jour de nos fêtes nationales.

En présence d'un crime aussi monstrueux, la presse tout entière n'eut qu'une voix, c'était l'expression d'une douleur amère et d'une horreur profonde pour l'assassinat.

Eh bien ! qu'advint-il ? Quelques jours s'étaient à peine écoulés, le sang qui avait inondé le pavé de Paris était à peine essuyé, qu'un ministère, dont le 22 février dernier n'a emporté qu'une partie, vint exploiter la douleur générale contre les libertés publiques, et mettre au jour des projets dès long-tems élaborés. On profita d'un moment de stupeur pour porter la main sur la liberté de la presse et jusque sur l'institution du jury. On attaqua d'un seul coup ces deux libertés qui sont sœurs; jamais, en effet, on n'atteindra l'une sans sentir en même tems la nécessité de porter atteinte à l'autre.

D'éloquentes voix signalèrent cette double et déplorable attaque. Un orateur dont la tribune était veuve depuis bien long-tems , Royer-Collard , vint dire avec toute l'autorité de sa puissante parole :

« Le jury , ce n'est pas une de ces juridictions vulgaires dont la plume du légiste se joue, et qu'elle élève ou abaisse à son gré; ce n'est pas même une juridiction, c'est une institution politique; c'est comme vous , et au même degré de souveraineté, le pays lui-même. Et comment le jury a-t-il encouru la disgrace dont il est frappé? On l'a dit de mille manières : on se défie de lui , il ne condamne pas assez. Il ne condamne pas assez? Ne voyez-vous pas, Messieurs, qu'on s'attaque à la conscience des jurés; car c'est dans leur conscience qu'ils prononcent? Ne vous reviendra-t-il pas en mémoire que les jurés sont vos électeurs, marqués du même sceau que vous , et , comme vous , dépositaires de la souveraineté? Si vous vous défiez d'eux aujourd'hui, ne pourront-ils pas un jour aussi se défier de vous, et certes ce serait à bon droit, car je déclare, moi, que je me défie profondément d'un pouvoir, quel qu'il soit, qui se défie de la justice, même ordinaire, à plus forte raison de la justice du pays.

» C'est cette défiance invétérée des mauvais gouvernemens qui leur a fait inventer pour leur service toutes les tyrannies judiciaires : tribunaux révolutionnaires, cours spéciales, cours prévôtales. Je ne compare ni les tems, ni les hommes; il y aurait grande injustice : je ne compare que les situations. Il est avéré que le gouvernement veut une autre justice pour la presse que la justice du pays, dont il se défie ; qu'il veut une justice spéciale. N'osant la proposer , car il n'oserait , que fait-il ? Il a recours à une nouvelle transformation. C'est la chambre des pairs qui sera sa cour spéciale , sa cour prévôtale. Oui , Messieurs, la chambre des pairs , déjà cour spéciale de l'émeute , on la fait encore cour spéciale de la presse! »

Eh bien! Messieurs, malgré ces éloquentes paroles , malgré l'imposante autorité de cette voix jadis si puissante, le jury fut mutilé : on mit le jury en état de suspicion; on proclama dans la loi que le jury n'avait pas le courage de dire tout haut ce qu'il pensait; on substitua au vote public, jusqu'alors en usage, les précautions méfiantes du vote secret.

Ce n'est pas tout : il fallait, avant la loi, huit voix pour la condamnation, tandis que cinq voix suffisaient pour absoudre ; on se méfiait tellement de vous, qu'on changea cette majorité. Sept voix maintenant suffisent pour la condamnation.

C'est ainsi qu'on déshérita le pays des institutions dont l'avait doté la révolution de juillet : presse, jury furent à-la-fois enveloppés dans la même proscription.

Des attaques portées à ces deux institutions vitales, on passa bientôt aux attaques contre la liberté individuelle. A tout propos, des arrestations préventives vinrent atteindre des citoyens honorables. Fieschi, un misérable, soudoyé pour commettre un crime affreux, n'avait pas reculé devant l'idée d'un massacre effroyable pour atteindre la victime dévouée à ses coups. Eh bien ! le pouvoir semble profiter de cette occasion pour irriter, pour exaspérer les hommes les plus recommandables, en affectant de les confondre avec un lâche assassin dont ils exécraient jusqu'au nom. Par une manœuvre qu'on croit habile, on s'en prend à des citoyens qu'environnent l'estime et le respect du pays tout entier : Armand Carrel lui-même est traîné en prison, et, deux jours après, on est forcé de le mettre en liberté avec des excuses ! (Sensation profonde.) Voilà comme on procède ; on arrête en masse ces jeunes gens au cœur ardent, généreux, dont les têtes échauffées au soleil de juillet ne sont pas encore refroidies ; les prisons regorgent. On arrête, on arrête toujours, sauf à relâcher ensuite, sans pouvoir dire même pourquoi on a arrêté.

En même tems, l'adulation, plus dangereuse encore que l'hostilité la plus déclarée, va partout proclamant que tout roule sur le chef de l'état, qu'à lui revient tout l'honneur du système, que sa volonté est partout agissante et partout suivie, que c'est enfin sur sa tête que reposent les destinées de l'état.

C'est en ces termes qu'on félicitait le roi d'être échappé aux dangers qui l'avaient menacé. On lui disait : « Sire, vous devez être le point de mire des assassins. Car vous êtes la personnification du système qui a sauvé la France. Tout est en vous, plus rien sans vous. »

Voilà le langage que tenait et répétait chaque jour l'adulation. Insensés qui, pour exagérer l'expression de leur dévoûment, oublient le premier de nos principes constitutionnels, l'irresponsabilité du roi et jusqu'à l'ordre de successibilité au trône par voie d'hérédité ! Insensés qui ne voient pas que cette irresponsabilité qu'ils dédaignent, est la meilleure et peut-être la seule garantie de l'inviolabilité de la personne royale !

Voilà le langage que le *Journal de Rouen* n'a pas cessé de combattre. Il l'a combattu avec énergie. Il a revendiqué avec vigueur les droits du peuple, les droits de la charte de] 1830. Il a dit avec énergie : « Mais le roi n'est pas tout ! La charte est bien quelque chose ! Nos institutions ne peuvent pas n'être comptées pour rien ! »

Cette opposition si constitutionnelle, ce langage, on l'a traité d'hostile. C'est à vous qu'il appartient de dire, au nom de la société, Messieurs les jurés, s'il y avait quelque chose d'hostile et de dangereux dans de telles réclamations si au contraire ce n'est pas le cas, ou jamais, d'appliquer à la foule adulatrice dont je parlais tout-à-l'heure, ces paroles si vraies du fabuliste :

> Rien n'est plus dangereux qu'un imprudent ami ;
> Mieux vaudrait un sage ennemi.

Cependant, le 25 juin 1836, un nouvel attentat vint encore épouvanter le pays. Cette fois, plus de complices, plus d'argent donné pour soudoyer le crime, plus de faits préparés par un lâche brigand qui jette au hasard la mort au milieu d'une foule inoffensive, avec l'espoir de disparaître au milieu du tumulte, et d'aller manger en paix le prix du sang qu'il aura versé. Cette fois, un fanatisme effrayant avait seul armé le bras de l'assassin. Un jeune homme s'était dit : « Je veux tuer le roi, et puis mourir ! » Et, pendant plus d'un an, il était resté accouplé à cette pensée, rêvant, le jour et la nuit, aux moyens de la réaliser, étudiant froidement son plan, décidé à tout, même à passer pour un voleur et pour un lâche, s'il le fallait, pour en assurer le succès ; et, quand l'instant propice était arrivé, il était venu se placer sur le passage du roi, le front calme, l'air insoucieux, tenant à la main son arme régicide, et cachant sur son cœur le poignard qu'il avait réservé pour lui.

Au bruit de cet attentat dont un prodigieux hasard avait seul empêché la consommation, un cri d'horreur retentit par toute la France.

Le *Journal de Rouen*, qui le premier en avait reçu ici la nouvelle, la publia avec l'expression d'une profonde indignation.

Cependant, l'accord unanime qui avait existé pour

maudire le crime, cessa bientôt lorsqu'il fut question d'en rechercher les causes, et d'en empêcher la reproduction.

Les hommes qui font parade de dévoûment à la monarchie et à la personne royale s'écriaient qu'on ne pouvait pas voir dans le régicide un crime ordinaire, que c'était un attentat exceptionnel, un véritable sacrilége : ils disaient que l'appareil de la répression ne pouvait être jamais assez élevé, ni assez sonore ; qu'il importait, avant tout, de frapper vivement les imaginations, et que, pour y parvenir, ce n'était pas trop de la cour des pairs faisant acte de haute juridiction, et du supplice des parricides infligé au coupable.

Le *Journal de Rouen* tint un langage tout opposé. Des réflexions profondes et sérieuses sur l'époque où nous vivons avaient fait apercevoir à ses rédacteurs que, dans un tems où toutes les croyances religieuses sont éteintes, et où aucune grande idée morale n'a pu encore les remplacer, l'élément dominant, le mobile principal de presque toutes les actions extraordinaires, est dans la vanité, dans je ne sais quel vague désir d'étonner, d'effrayer la société.

Il faut bien le reconnaître, en effet, Messieurs les jurés, pour nous tout revêt aujourd'hui les couleurs du drame, et le besoin de s'y poser et d'y prendre un rôle donnerait le mot de beaucoup de ces monstrueuses énigmes que nos moralistes cherchent en vain à expliquer.

Ouvrez les annales de nos cours d'assises : lisez les récits des suicides qui chaque jour remplissent les colonnes de nos journaux. Dans ces tristes résultats de la misère ou du désespoir, regardez comme souvent la vanité vient prendre une place qui vous fait tressaillir. Voyez-vous ces hommes tout occupés du retentissement que produira le coup qu'ils vont se porter? Voyez-vous ceux-ci qui se complaisent à vous épouvanter du récit de leurs forfaits ? Avez-vous vu, à aucune époque, le crime étaler avec plus de cynisme sa hideuse nudité? Partout on se drape pour mourir. Vanité dans le suicide, vanité sur l'échafaud ; besoin, bonheur de produire une grande impression sur ceux au milieu desquels on va tomber ! (Mouvement.)

Dans une telle disposition des esprits, tout ce qui tend à grandir le crime, à l'élever au-delà des proportions ordinaires, n'est-il pas un danger évident pour des imaginations exaltées? Et si quelque exaspération furieuse, quelque haine violemment excitée, fait un moment passer l'idée de la vengeance dans une tête ardente, ne devez-vous pas craindre que les idées grandioses que tous vos appareils de répression ont accolées à l'attentat, ne contribuent à en déguiser la lâcheté et l'horreur !

Voilà les réflexions qui déjà avaient préoccupé les rédacteurs du *Journal de Rouen* lors du procès de Fieschi, et déjà ils avaient attaqué de toutes leurs forces la pompe toute dramatique des débats dans laquelle ils ne voyaient qu'une sorte de piédestal élevé à l'assassinat.

Les circonstances du crime d'Alibaud donnèrent encore plus de poids à ces observations. Après les mille versions contradictoires répandues sur ce jeune homme, il avait bien fallu reconnaître que ce n'était pas un assassin ordinaire. L'instruction devant la cour des pairs avait écarté la flétrissure qu'on avait d'abord attachée à sa vie, et révélé d'admirables traits de courage, de générosité et de dévoûment. Là-dessus, toutes les opinions sont aujourd'hui d'accord, et l'*Echo* lui-même disait, le 11 juillet :

« Alibaud a dormi une bonne partie de la nuit; il montre une très-grande fermeté, et tout annonce dans cet homme une ame fortement trempée qui, avec une meilleure direction, aurait pu être utilisée pour le bien. »

Mais quelle était la cause de la direction fatale des idées de ce jeune homme ? Plus moyen sans doute d'accuser les fanatiques prédications des journaux, comme on le faisait avant les lois de septembre ! Et quant à son exaspération contre le système suivi par le gouvernement et contre le prince qu'on signalait comme l'ame de ce système, ce sentiment pouvait-il suffire pour expliquer comment cet homme, que son caractère et ses habitudes semblaient devoir tenir si éloigné du crime, n'avait pas reculé devant l'idée du régicide ?

Ne fallait-il pas reconnaître là un épouvantable vertige, une aberration morale secondée peut-être par les moyens mêmes qu'on met en usage pour la prévenir? Et vraiment, quand nos lois classent le régicide dans une catégorie exceptionnelle, et en défèrent le jugement à l'un des grands corps politiques de l'état, quand tout-à-l'heure le ministère public s'indignait à l'idée qu'on ne voudrait voir dans un roi frappé du fer d'un meurtrier qu'un citoyen ravi à la patrie, un époux à son épouse, un père à ses enfans, et qu'il s'efforçait d'établir que c'est le gouvernement lui-même qui est frappé dans la personne de son chef, dites, dites, Messieurs les jurés, faut-il s'étonner que, de son côté, le fanatisme arrive à se dire que le régicide n'est pas un assassinat ordinaire, que le fer atteint ici moins un citoyen, un époux, un père, que la personnification d'un système ; et notre législation et les considérations développées par le ministère public ne se trouvent-elles pas dans une effrayante harmonie avec l'idée de l'insensé qui ferme les yeux sur l'homme qu'il va frapper, pour ne voir que le grand fait politique qu'il croit accomplir ? (Sensation prolongée.)

Mais comment empêcher ces horribles illusions ? comment en prévenir le retour ? Le *Journal de Rouen* l'a dit hautement et consciencieusement.

La voie la plus noble et la plus sûre tout-à-la-fois, c'était le pardon, c'était la clémence ; la clémence qui flétrit d'avance les attentats, qui fait tomber le poignard des mains de tout homme pourvu de quelque courage, et qui ne permet plus qu'à des lâches de s'armer contre vous.

Mais si cette voie est impossible, si des considérations plus élevées vous défendent d'y avoir recours, au moins écoutez les conseils de la raison.

Effacez cet appareil, ces formes solennelles qui ne tendent qu'à exalter des imaginations déjà trop ardentes ! Repoussez l'intervention de ces grands corps politiques qui fait trop oublier qu'il s'agit d'une atteinte à la vie d'un homme. Ôtez, on vous l'a dit, ôtez au régicide son effroyable poésie ; ravalez le crime aux proportions d'un simple assassinat ; forcez le criminel à reconnaître qu'il n'est qu'un meurtrier ; dites-lui : « Eh ! malheureux, ce roi que tu veux frapper, c'est un homme, c'est un époux, c'est un père de famille ! Toi qui crois accomplir une haute mission, toi qui as déifié ce que d'autres t'ont présenté comme un sacrilége, désabuse-toi, ouvre les yeux : regarde. Toi qui te révolterais à l'idée d'un meurtre, c'est un meurtre que tu vas commettre, c'est dans le sang d'un frère que tu vas baigner tes mains. Arrête, malheureux, tu te crois un régicide et tu n'es qu'un assassin ! » (Marques d'approbation. Des applaudissemens se font entendre.)

M. LE PRÉSIDENT, vivement : La loi défend les marques d'approbation comme les marques d'improbation. Monsieur..... je vous ai vu applaudir ; nous ne sommes pas ici à un spectacle. (De nouvelles marques d'approbation éclatent dans l'auditoire.)

Mᵉ SÉNARD, reprenant : Voilà, Messieurs les jurés, quelle a été la pensée du *Journal de Rouen*. Voilà sa pensée honorable, élevée, généreuse ; sa pensée, qui est la mienne, et qui, j'ose le dire, sera aussi certainement la

vôtre : mais s'il s'était trompé ; si je me trompais avec lui,
ah ! même dans ce cas, Monsieur l'avocat-général, faites-
nous grace de vos réquisitoires : car l'erreur est bien per-
mise sans doute à qui cherche de bonne foi la vérité. Mais
non : ma conscience me le dit, ce n'est pas de notre côté
que peut être l'erreur. Il faut combattre le régicide, non
en l'exaltant, non en échauffant encore de jeunes et
ardentes imaginations, mais en répétant que le régicide est
un meurtre, un misérable assassinat, et que c'est le plus
misérable de tous ; car le régicide attaque un homme dé-
sarmé, et dont la vie, comme celle de tous les autres citoyens, n'a d'autre sauve-garde que les droits de l'humanité et la protection des lois.

Voilà, Messieurs les jurés, la thèse soutenue par le
Journal de Rouen. Voilà comment il a demandé qu'on
mît *sur la même ligne* le régicide et l'assassinat ordinaire,
pour les déclarer tous deux *également exécrables!* Voilà
comment il s'est récrié, au nom de la morale et de la
politique, contre l'*appareil de réparation plus élevé et
plus sonore* réservé à un crime qu'il faudrait rapetisser
au lieu de le grandir !

Mais ces idées que l'accusation incrimine, et auxquelles
une raison éclairée devrait applaudir, elles n'appartiennent
pas au *Journal de Rouen* seul. Ne vous souvient-il plus
que presque toutes les feuilles publiques ont rapporté que
M. Passy voulait qu'on jugeât Alibaud à la cour d'assises
entre deux assassins, et que M. de Talleyrand était d'avis
qu'on l'envoyât à Charenton ?

Vous connaissez maintenant le point de vue auquel le
Journal de Rouen s'est placé ; et, dès-lors, il vous est
facile de concevoir comment il a dû être amené, plus
encore dans un intérêt philosophique que pour satisfaire la
curiosité de ses lecteurs, à recueillir avec le plus grand soin
tous les faits propres à bien faire connaître l'homme dont
il importait si fortement de rechercher le véritable mobile.
Avec ces faits, il a dû constater qu'Alibaud n'était ni un
lâche, ni un misérable, ni un assassin ordinaire.

D'autres, cédant à des préoccupations louables sans
doute, mais qui les avaient égarés, avaient déversé sur
la vie d'Alibaud le mépris et l'outrage. Le *Journal de
Rouen* n'a pas craint de prendre le parti de la vérité.
Il a dit qu'on avait *calomnié* cet homme, jusque devant la
chambre des pairs. Il s'est attaché à le peindre tel qu'il
était réellement, et tel qu'il faudra bien qu'il soit accepté

par l'histoire : un régicide, un monstre, sans aucun doute, mais un monstre dans les antécédens duquel il ne s'est rien trouvé qui pût faire présager qu'il se souillerait d'un crime ; un de ces êtres enfin qui cèdent à quelque effroyable aberration dont il faut bien que le moraliste recherche les causes pour empêcher que d'autres soient amenés à y céder à leur tour.

Voilà l'explication toute simple et toute naturelle de ces faits dont l'admission dans le journal a paru si coupable, et voilà comment encore le journal a flétri je ne sais quelle ignoble manœuvre du valet de bourreau, qui avait cherché à faire trembler sur l'échafaud un homme dont l'effrayante fermeté ne s'est pas un seul instant démentie.

Si vous joignez à cela, Messieurs, quelques lignes qui témoignent de l'horreur que les rédacteurs du *Journal de Rouen* ont toujours hautement exprimée pour la peine de mort, et qui ne sont, du reste, qu'un pâle reflet d'une œuvre d'un de nos plus grands écrivains, que je rappellerai bientôt à vos souvenirs, et quelques lignes enfin dans lesquelles on trouve le regret que le roi ait été empêché d'user du droit de grace dont l'exercice eût, peut-être mieux que la police la plus vigilante, mis sa personne à l'abri de tous dangers, vous aurez une idée complète de l'ensemble des articles incriminés.

Déjà, Messieurs, je le dis avec confiance, votre conviction est formée sur l'innocence de ces articles, et la discussion de mots dans laquelle il me faudra bientôt suivre le ministère public n'aura pour vous qu'un intérêt bien secondaire.

Suspendons maintenant pour quelques instans cet examen, et laissez-moi vous dire comment le parquet qui, lors de l'apparition de ces articles, avait reconnu la pureté de la pensée qui les avait dictés et l'absence de tout délit, a imaginé, un mois après leur publication, d'en faire la matière d'une poursuite criminelle et de nous amener devant vous.

Alibaud avait comparu devant la cour des pairs, il avait prononcé un discours, œuvre d'exaltation et de fanatisme : c'étaient là ses principes, à lui, c'était sa justification. Louvel, sous la restauration, avait fait de même, et la cour des pairs l'avait entendu jusqu'au bout ; bien plus, son discours avait été recueilli dans tous les journaux, et la restauration n'avait pas eu la pensée d'en empêcher l'insertion. Alibaud, à son tour, et à une autre époque, venait développer les théories du régicide. Ces théories, sans doute, étaient effroyables en elles-mêmes; elles étaient effroyables surtout peut-être pour nos gouvernans, car Alibaud venait dire : « Savez-vous ce qui a armé mon bras? J'entendais dire partout que tout un système qui m'était odieux reposait sur une tête, et j'ai voulu couper le mal dans sa racine. » De telles paroles contenaient sans doute une rude leçon...... On s'élança, on interrompit Alibaud. Je crois que ce ne fut pas là l'œuvre d'une bonne politique ; qu'il eût peut-être mieux valu laisser Alibaud exposer toute sa pensée. On ne le voulut pas, on l'interrompit, et dans un excès de préoccupation, on alla jusqu'à interdire aux journaux de rapporter la partie du discours qui avait été prononcée. Les journaux protestèrent, et bientôt on sentit qu'on avait été trop loin. On s'excusa sur le zèle de quelques agens subalternes dont on prétendit que les paroles avaient été mal interprétées; mais on ne s'était pas contenté de faire aux journaux de la capitale des injonctions sur le sens desquelles on cherchait ensuite à équivoquer. On avait arrêté à la poste la correspondance de tous les journaux des départemens.

Sur ce fait, aucune équivoque n'était possible, la violation des lois était flagrante : le *Journal de Rouen* protesta avec vigueur contre cette atteinte portée à ses droits; il interpella l'administration de fournir des explications catégoriques. L'administration garda le silence.

Le fait était trop grave pour que des citoyens vraiment dévoués à leur pays se contentassent d'une simple protestation. Il ne s'agissait pas là seulement d'une question politique ; et, en effet, le gouvernement savait-il ce que contenaient toutes les lettres qu'il arrêtait ainsi ? Dans la réalité, il s'y trouvait des lettres commerciales, et vous savez tous ce qui peut résulter d'un jour de retard d'une lettre qui porte des lettres-de-change, ou qui donne avis d'opérations importantes. Et puis, si l'on arrêtait ainsi arbitrairement la correspondance du *Journal de Rouen*, qui pouvait garantir que le lendemain on n'arrêterait pas celle d'un autre citoyen, et qu'ainsi vos secrets de familles, et votre fortune, et votre honneur, peut-être, ne se trouveraient pas à la merci d'une administration qui croit pouvoir impunément braver les lois?

Le *Journal de Rouen* l'a senti. Il a senti que le jour était revenu où il devait se dévouer à l'intérêt de tous. Ses conseils, en reconnaissant son droit, crurent devoir lui remontrer qu'il n'avait aucune chance de le faire con-

-sacrer, et qu'il allait irriter les haines du pouvoir. Mais les propriétaires du *Journal de Rouen* répondirent comme ils avaient répondu en juillet 1830 : «Eh! qu'importent nos intérêts personnels? Qu'on nous poursuive, qu'on nous harcelle, qu'on nous calomnie, nous ferons notre devoir. Il ne s'agit pas pour nous d'une question personnelle ; il s'agit d'une question de légalité, d'une question d'intérêt général : *Fais ce que dois, advienne que pourra.* » (Adhésion.)

Le *Journal de Rouen* porta plainte. Pour première réponse, l'administration qui lui délivrait son courrier à 3 heures du matin, ne voulut plus le lui remettre qu'à 8 heures. Pitié! pitié! Comment, c'est ainsi que vous vous défendez contre une accusation d'infraction aux lois ? On signale une odieuse infraction aux dispositions du code pénal, et vous répondez par la plus ignoble des tracasseries!

Cependant, M. le procureur du roi répondit de son côté à la plainte. Il ne voyait pas dans le fait qui lui était dénoncé le délit prévu par l'art. 187 du code pénal! Il refusait de poursuivre.

La plainte était repoussée par un moyen de droit. Le *Journal de Rouen* la soumit à des jurisconsultes. La question ne pouvait pas même être sérieusement discutée, car le texte de la loi est formel ; il n'atteint pas seulement *la soustraction* des lettres confiées à la poste ; il frappe *toute suppression*, quelle qu'elle soit, de la correspondance; et certes, que vous me rendiez mes lettres au bout d'un jour ou au bout d'une année, vous ne les avez pas moins illégalement retenues, vous n'avez pas moins supprimé ma correspondance! Il n'y a pas là-dessus d'équivoque possible.

Aussi la consultation fut-elle unanimement délibérée dans le barreau de Rouen ; et tous les avocats auxquels elle fut soumise s'empressèrent de la signer, sans acception d'opinions politiques.

Fort de l'adhésion du barreau, le *Journal de Rouen* continua ses réclamations. Trois degrés de juridiction lui étaient donnés à parcourir. Le procureur du roi, le procureur-général, le ministre de la justice. Il résolut de les mettre successivement en demeure de poursuivre une violation flagrante de la loi.

Le 28 juillet, il déposa sa plainte au parquet de M. le procureur-général.

Vous savez ce qui s'était passé lors du dépôt de la première plainte. L'administration des postes avait répondu par la misérable vexation que je vous ai signalée. Cette fois, c'est M. le procureur-général qui se charge de répondre. Quarante-huit heures après le dépôt de la plainte, il assigne le *Journal de Rouen* devant la cour d'assises pour une demi-douzaine de délits qu'il énumère dans sa citation. Certes, la tactique était belle. Ah ! vous attaquez l'administration ; ah ! la loi à la main vous sommez le ministère public de la poursuivre? Eh bien ! c'est vous qui allez être poursuivi. C'est à vous que nous allons donner de la besogne. En garde donc, et défendez-vous s'il vous plaît ! (Mouvement.)

C'était très-bien imaginé; mais dans l'exécution de cette belle manœuvre, on manqua complètement d'adresse.

Quels sont en effet les articles qu'on incrimine? Sans doute, quelque article publié le jour même, ou la veille au plus tard ! Eh ! non, mon Dieu. La citation est du 30 juillet, et elle accuse un article publié le 30 juin, et quelques fragmens de la correspondance insérés dans les numéros des 12 et 13 juillet. Mais, tout de suite, aux esprits les moins éclairés une réflexion s'est présentée : si ces articles étaient coupables, comment ne les avez-vous pas plus tôt poursuivis ?

Eh quoi ! la loi veut que, chaque jour, avant sa distribution, le journal soit déposé au parquet de M. le procureur du roi, et l'usage y a ajouté le dépôt au parquet de M. le procureur-général, dans les villes où siège une cour royale. L'objet de ce dépôt, c'est la loi même qui nous le dit, est de donner au ministère public la possibilité d'arrêter et de poursuivre immédiatement la feuille coupable. Eh bien ! ce droit que la loi vous donnait, ce devoir qu'elle vous imposait dans l'intérêt de la société, qu'en avez-vous fait? Les numéros des 30 juin et des 12 et 13 juillet ont été mis sous vos yeux, sous vos yeux de procureur-général, et vous n'y avez aperçu aucun délit, et vous en avez autorisé la circulation, et un mois s'est écoulé pour un article, plus de quinze jours pour les autres ; quand vous vous avisez de rompre le silence !

Ce n'est pas tout encore. Vous avez été interpellé spécialement d'examiner les articles que vous poursuivez aujourd'hui ! Dès le 1er juillet, un journal vous avait dénoncé l'article du 30 juin; dès le 14, il vous avait dénoncé ceux du 12 et du 13. Il vous avait fait les découpures mêmes que vous avez depuis fait entrer dans votre citation : ligne pour ligne, mot pour mot, syllabe pour syllabe, il avait préparé votre besogne ; et, lui aussi, est venu déposer sa feuille accusatrice à votre parquet. Vous avez donc lu deux fois les articles incriminés ; et , la seconde fois, vous les avez lus, mutilés, découpés comme il convenait pour faire ressortir le délit qu'ils devaient contenir ! Eh bien ! même en cet état, ces articles vous ont paru innocens ; vous avez reconnu que la pensée en était pure, qu'aucune poursuite n'était possible. Et voilà que, le 30 juillet, vous allez reprendre ces découpures dans le carton où vous les aviez laissées, et vous nous traduisez aux assises le 30 juillet! et, le 28, nous vous avions mis en demeure de poursuivre l'administration des postes ! Dites si ces faits sont assez décisifs, dites si ce rapprochement de dates est assez accablant!!! (Sensation prolongée.)

Ce n'est pas tout encore : la loi vous ordonne de saisir les écrits coupables, et dont la circulation pourrait offrir des dangers pour la société. Eh bien ! vous avez si bien conscience vous-même de l'innocence des articles que vous poursuivez, que vous ne les avez même pas saisis. Depuis votre assignation, et elle a dix-sept jours de date, nous avons pu librement distribuer, faire circuler les numéros que nous avions conservés ; nous aurions pu les faire réimprimer si nous l'avions voulu, car vous n'y aviez mis aucun obstacle.

J'ai dit que votre citation avait dix-sept jours de date. Du 30 juillet, vous nous appelez au 17 août. Pourquoi, dans l'intervalle, n'avoir pas soumis votre plainte à la chambre du conseil et à la chambre des mises en accusation? La faculté que la loi vous donne de saisir directement le jury, ne vous est accordée qu'en cas d'urgence et quand la cour d'assises est assemblée. Dans tous les autres cas, vous devez faire subir à votre plainte la double épreuve de la magistrature. Pourquoi ne l'avez-vous pas fait ? Oh ! c'est que vous saviez bien comment elle serait appréciée ; c'est que vous saviez bien que les magistrats auraient rejeté une accusation sans valeur , une accusation détruite, d'ailleurs, par le silence que vous aviez gardé lors de la publication des articles incriminés.

Vous voyez donc bien que vous avez fait justice à l'avance de vos propres poursuites !

Mais il y a quelque chose de plus piquant encore :

Quatre des articles poursuivis sont extraits de la correspondance du *Journal de Rouen*. Cette correspondance, lithographiée, est commune à une grande quantité de journaux de départemens. J'ai désiré savoir si d'autres que le *Journal de Rouen* avaient emprunté à la correspondance les articles qu'on vous défère aujourd'hui. Voici ces journaux, Messieurs les jurés, ils contiennent littéralement les passages qu'on nous impute à crime, et aucun d'eux n'a été poursuivi. Comment donc, parmi tant de procureurs-généraux, sous les yeux desquels ces lignes si coupables ont passé, il n'en est pas un seul qui se soit aperçu du délit qu'elles contenaient ? Et pourtant, vous savez, quand il s'agit de découvrir un délit, et surtout un délit politique, ce que c'est que des yeux de procureur-général. (Eclats de rire.) Messieurs, au nombre des feuilles qui m'ont été remises, je vois *le Journal du Loiret* qui contient, dans un seul numéro, les quatre articles à la fois ! *Le Journal du Loiret !* Mais si je ne me trompe, le procureur-général au parquet duquel il dépose ses feuilles, est M. Chégaray qui, dans une occasion mémorable, faisait les fonctions de ministère public près la cour des pairs. Certes, M. Chégaray ne manque ni de perspicacité, ni d'ardeur. Eh bien ! il n'a pas vu ces monstrueux délits qu'on vous signale aujourd'hui. Ah ! par égard pour lui, Messieurs les jurés, ne nous condamnez pas : il serait homme à en mourir de chagrin. (Nouvelle hilarité.)

Je ne vous ai parlé, jusqu'ici, que des chefs des parquets qui sont appelés à examiner les journaux qui se publient dans leur ressort.

Mais la loi ne s'en est pas rapportée à eux seuls, et elle a pourvu à-la-fois à tous les empêchemens, même à toutes les incapacités. Supposons, un instant, qu'il se trouve quelque part un procureur-général incapable, non-seulement de venir à l'audience soutenir une accusation, mais même de comprendre et d'apprécier la valeur d'un article de journal. Eh bien ! la loi a placé auprès de lui des avocats-généraux, des substituts : et si lui personnellement était incapable, inepte, ignorant, absurde, derrière lui se trouveraient placées des intelligences en état de reconnaître et de poursuivre un délit. (Mouvement général, chuchotemens sur tous les bancs. Quelques malintentionnés croient apercevoir ici une allusion. Le nom de M. Moyne est dans plusieurs bouches.)

A Rouen, par exemple, Messieurs, nous avons un procureur-général, trois avocats-généraux, deux substituts, et à ce parquet de la cour il faut joindre encore le parquet de première instance, un procureur du roi et quatre substituts, en tout onze examinateurs appelés chaque jour à scruter nos articles et à reconnaître s'ils contiennent quelque pensée, quelque mot coupable. Et, certes, quand le 30 juin, quand le 12 et le 13 juillet, nous sommes sortis purs de cet examen, il fallait que notre innocence fût bien réelle; et lorsque le 30 juillet, M. le procureur-général, pour sortir de la position embarrassante où nous l'avions placé, n'a rien trouvé de mieux que d'incriminer des articles ainsi appréciés et jugés innocens depuis un mois, personne n'a pu se méprendre sur les motifs qui le faisaient agir.

Permettez-moi de joindre à l'expression de l'opinion de notre ville, celle d'un journal d'une ville voisine, dont les rédacteurs ont en tout tems fait preuve d'un rare talent et d'une incontestable loyauté.

Je lis dans le *Journal du Havre* du 10 août.

« Prenons un petit exemple entre mille incidens que nous pourrions invoquer à l'appui de l'opinion que nous venons d'émettre sur les causes de la mésintelligence qui ne règne que trop évidemment entre les prétentions du pouvoir et les prétentions des gouvernés. L'exemple que nous allons citer n'appartient pas à un ordre de choses en apparence très-élevé. Mais il est, pour ainsi dire, puisé dans un ordre de faits très-importans en réalité. C'est de la manière dont les agens du pouvoir administrent la chose la plus sérieuse pour les sociétés, que nous allons parler.

» Un journal de département, le *Journal de Rouen*, se plaint aux hommes préposés pour rendre justice, d'un déni de justice commis à son égard, au mépris des lois les plus explicites et les plus formelles. Les gens du ministère public, qui ne devraient agir que d'après leur conscience et leur conviction, attendent des ordres pour faire ce que leur devoir leur prescrit de faire sans ordre et avec la plus entière impartialité. On refuse au plaignant l'équité qu'il avait le droit d'attendre des juges dont il avait invoqué la légitime sévérité.

» Le plaignant, fort de son droit, en appelle de la sentence cavalière de ses premiers juges à des juges supérieurs, qu'il embarrasse de la persistance et de l'opiniâtreté de ses premières démarches. Pour détourner l'attention publique trop vivement éveillée sur les faits déplorables de cette affaire, par le retentissement de la plainte, on cherche, non pas à apaiser le ressentiment du réclamant par un semblant de poursuite dilatoire, mais on cherche, au contraire, à l'accuser d'un délit étranger à l'affaire capitale dont l'opinion du pays s'est émue un moment. Il a osé réclamer justice quand il était dans son droit et qu'on ne voulait pas faire droit à sa réclamation. Eh bien ! c'est justice qu'on lui rendra, s'il est possible, contre lui-même et pour des torts qu'on saura bien lui trouver. Au lieu de répondre à sa plainte, on le sommera de répondre lui-même au réquisitoire du ministère public, qui, d'attaqué et de compromis qu'il était, deviendra à son tour accusateur et assaillant. C'était devant un tribunal que le journaliste voulait citer les agens coupables du pouvoir, c'est devant une cour d'assises qu'il sera traîné, non pas pour y demander justice de l'attentat dont il a eu l'audace de se plaindre, mais pour se justifier d'un délit auquel il n'avait pas songé, et auquel même le ministère public n'aurait jamais peut-être pensé lui-même, sans la nécessité où il se trouvait de faire diversion, et d'appeler l'attention publique loin des faits sur lesquels on avait à redouter qu'elle s'arrêtât trop long-tems. »

Voilà, Messieurs, comment nous avons été amenés devant vous : voilà la moralité de l'accusation sur laquelle vous êtes appelés à prononcer.

(Me Senard demande ici à prendre quelques instans de repos. Après dix minutes de suspension d'audience, il continue :)

Nous arrivons maintenant à l'examen détaillé des articles incriminés par l'accusation. Nous avons le très-grand avantage d'aborder cet examen en sachant d'avance à qui nous avons affaire pour nous défendre, et à qui vous avez affaire, vous, pour nous juger.

Les articles poursuivis se divisent en deux catégories. Le premier appartient aux rédacteurs du journal, les autres sont pris dans une correspondance commune à tous les journaux de département. Occupons-nous d'abord du premier : c'est l'article du 30 juin.

L'accusation n'en a incriminé que quelques lignes ; pour les justifier et pour prouver que ces lignes, comme tout le reste, sont l'œuvre d'un bon citoyen, il suffit de lire l'article en entier. Il est impossible, en effet, à sa simple lecture, de ne pas reconnaître que, loin d'avoir été écrit dans l'intention de diminuer l'horreur du régicide, son but unique était d'avilir, de dépoétiser, en quelque sorte, ce crime sur la valeur duquel des imaginations ardentes se sont trop souvent fait des illusions que les grands mots d'impiété et de sacrilége et les grands appareils dramatiques de répression sont plus propres à entretenir qu'à effacer.

Mᵉ SENARD lit en entier au jury l'article du 30 juin ; nous ne le reproduisons pas ici dans toute son étendue. Il nous suffit de rétablir les passages qui rendent un sens complet au paragraphe incriminé par la prévention :

« Le monarchisme, aujourd'hui, n'est plus une religion. La royauté a été dépouillée de son prestige sacramentel, et c'est en vain qu'on espérerait, en agissant sur les imaginations, ressusciter l'ancien culte. La royauté est descendue des cieux, et a été faite chair et os ; la royauté n'est plus une institution sainte, mais une institution tout humaine qui se justifie ou se proscrit par des considérations tout humaines et toutes terrestres.

» Moralement et politiquement parlant, aujourd'hui l'assassinat d'un roi n'est pas une plus grande monstruosité que l'assassinat de tout autre citoyen : l'un et l'autre sont également exécrables et punissables ; l'un et l'autre outragent la conscience publique et mériteront toujours la plus forte des peines que la raison humaine et sociale se croira le droit d'infliger ; mais l'un n'est pas un plus grand sacrilége que l'autre, et n'appelle pas d'appareil de réparation plus élevé et plus sonore.

» Le salut de la monarchie ne sera ni dans l'énormité des lois préventives, comme celles qui furent forgées après l'attentat du boulevard du Temple, ni dans l'étalage d'une haute juridiction, comme celle qui éleva Fieschi sur le trépied. En réduisant le meurtre d'une tête couronnée aux proportions misérables et abjectes d'un meurtre vulgaire, on proscrirait plus sûrement le régicide, car on lui aurait ôté sa hideuse et effroyable poésie ; en plaçant la royauté dans les conditions normales de son existence constitutionnelle, et le pouvoir là où il doit être réellement, on éloignerait plus efficacement l'idée du régicide, car on l'aurait rendu inutile et frappé de stérilité par avance.

» Mais cette ligne de conduite ne faisait pas les affaires ni des faméliques courtisans, qui ont intérêt à ce qu'un roi *gouverne*, ni de nos hommes soi-disant gouvernementaux, qui ne pouvaient hausser leur petite importance et fonder leur fortune et leur crédit qu'à la faveur d'un système de peur et d'intimidation ; de peur dans la partie moutonnière de la société, d'intimidation contre les récalcitrans qui n'ont pas voulu faire abnégation de leurs sympathies et de leurs convictions, au profit des hommes du lendemain de juillet. »

Mᵉ SENARD discute ici l'article sous le point de vue de l'attaque aux lois. Il fait remarquer que ses expressions seules suffisent pour nous démontrer qu'il ne s'agit pas d'une discussion légale, puisque la question n'y est envisagée que sous le point de vue *moral* et *politique*.

Il passe ensuite aux articles extraits de la correspondance ; le premier est ainsi conçu :

« Hier, à minuit, on savait dans Paris que la générosité du cœur du roi n'avait pu avoir son cours, et que le droit de grâce, dont il peut user d'ailleurs sans consulter son conseil, ne serait pas exercé. »

La prévention nous dit ici, poursuit Mᵉ Senard : «Vous faites remonter au roi le blâme, la responsabilité des actes de son gouvernement.» Ah ! Messieurs, c'est vraiment le beau idéal de la prévention. Comment! nous parlons de la générosité du cœur du roi ; nous disons qu'en droit constitutionnel il pouvait ne pas consulter son conseil, et qu'il est à regretter qu'il en ait subi l'influence, et vous nous accusez ! Mais, en vérité, c'est inconcevable!

Mais rappelez-vous donc que tous les autres journaux ont raconté le fait dans les mêmes termes que nous, et écoutez comment le journal qui nous a dénoncés le 13 juillet s'exprimait dans son numéro du 11 :

« Quelques personnes pensent que la peine d'Alibaud sera commuée ; nous croyons savoir du moins que telle est la volonté personnelle du roi : mais les ministres en masse s'y opposent dans l'intérêt de la société. »

Ce qui serait piquant ici, Messieurs, ce serait de voir le dénonciateur dénoncé à son tour. Rassurez-vous : au reste, je ne vous lirai pas de longs articles de l'*Echo*, et pour cause ; je me contenterai de vous dire que, dans son numéro d'hier, 16 août, ce journal répète tout haut avec M. Guizot, ce sont ses expressions : « Oui, le roi Louis-Philippe prend la plus grande part à la politique qui, depuis six ans, préside aux destinées de la France. Oui, le roi est l'âme de son gouvernement. »

Je ne sais vraiment pas comment M. le procureur-général, qui nous fait un procès, n'a pas cherché à faire à l'*Echo*, l'application de la loi du 9 septembre 1835.

Je ne sache pas cependant que pour cet article l'*Echo* ait été saisi hier, et il ne le sera probablement pas..... à moins pourtant qu'on ne se réserve de le saisir dans une trentaine de jours, si, par hasard, il lui revenait quelque velléité d'indépendance, et s'il venait à se rappeler la suppression faite aussi de sa correspondance par l'administration des postes. Car, il faut que vous le sachiez, Messieurs, les lettres de l'*Echo* ont été supprimées comme les nôtres à l'occasion du discours d'Alibaud. L'*Echo* s'en était plaint le premier jour; puis apparemment on sera venu au-devant de ses plaintes avec quelqu'un de ces argumens irrésistibles dont le comte Almaviva avait toujours les poches pleines et que connaissait si bien don Bazile. Du moins, l'*Echo* s'est calmé; il a cessé de se plaindre. Il s'était plaint, et plaint amèrement le premier jour; mais voilà que le lendemain il s'est tu, et s'est repris à dire, comme devant, que tout était pour le mieux dans le meilleur des mondes possibles. (Longs éclats de rires dans l'auditoire.)

Mᵉ SENARD passe à la discussion de l'article incriminé contenu dans le numéro du 13 juillet, et pour le faire juger dans son ensemble, il en remet le texte sous les yeux du jury. Cet article est ainsi conçu :

« La tête d'Alibaud a roulé sur l'échafaud, presque la nuit, furtivement : il semblait que ce fût un crime que l'on commît. Et pourtant un déploiement de forces très-considérable semblait faire croire qu'on craignait une émeute.

» Ainsi on opposait 6,000 hommes aux intentions supposées des partis de délivrer Alibaud ; on empêchait le peuple de pénétrer sur cette place si souvent rougie de sang depuis quelques années, et pourtant tous les réquisitoires, toutes les réflexions des journaux ministériels nous montrent sans cesse la France comme repoussant tout entière les factions et leurs dévoués, et prête, s'ils réussissaient enfin à frapper le chef du pays, prête, disons-nous, à exécuter contre les partis une Saint-Barthélemy nouvelle.

» Ces odieuses menaces, nous le répétons, expriment la confiance où sont de leurs forces les hommes du pouvoir qui ont les sentimens de MM. Martin (du Nord), Bugeaud et autres. Cette confiance contrastait singulièrement avec un pareil déploiement de forces sur le lieu de l'exécution.

» Voilà donc les résultats de la civilisation qu'on disait si fort en progrès depuis 1830 ! En cinq mois, quatre têtes sont tombées sur l'échafaud; le bourreau est aujourd'hui un personnage, et la guillotine ne se repose plus.

» L'exécution d'Alibaud, nous le disons nettement, a affligé hier tout Paris. On était convaincu que l'arrêt ne serait pas exécuté, et que l'opiniâtreté même du coupable inspirerait une clémence, par là même, plus méritoire. Les amis les plus dévoués du gouvernement croyaient qu'un pardon tombé du trône sur le criminel aurait eu une immense portée et les plus heureux effets. Maintenant ils disent avec raison que l'excès du système opposé ne fera qu'aigrir les esprits déjà indisposés. Le sang n'affermit jamais un gouvernement, quelle que soit sa forme..»

Mᵉ SENARD soutient et prouve, par une discussion rapide et pleine de chaleur, que ces expressions : « *Il semblait que ce fût un crime que l'on commit,*» qui ont fait tressaillir le ministère public, ne sont que la reproduction d'un argument en faveur de l'abolition de la peine de mort, non-seulement en matière politique, mais encore en toute autre matière. Il prouve que le rédacteur de l'article, dans ses réflexions, s'est tenu de beaucoup au-dessous d'éloquens et vifs plaidoyers sur la même matière, et pour le prouver il cite les passages suivants empruntés à Victor Hugo :

« L'échafaud est le seul édifice que les révolutions ne démolissent pas. Il est rare, en effet, que les révolutions soient sobres de sang humain, et, venues qu'elles sont pour émonder, pour ébrancher, pour étêter la société, la peine de mort est une des serpes dont elles se dessaisissent le plus malaisément.

» Nous l'avouerons cependant, si jamais révolution nous parut digne et capable d'abolir la peine de mort, c'est la révolution de juillet. Il semble, en effet, qu'il appartenait au mouvement populaire le plus clément des tems modernes de raturer la pénalité barbare de Louis XI, de Richelieu et de Robespierre, et d'inscrire au front de la loi l'inviolabilité de la vie humaine : 1830 méritait de briser le couperet de 93.

» Nous l'avons espéré un moment. En août 1830, il y avait tant de générosité dans l'air, un tel esprit de douceur et de civilisation flottait dans les masses, on se sentait le cœur si bien épanoui par l'approche d'un bel avenir, qu'il nous sembla que la peine de mort était abolie de droit, d'emblée, d'un consentement tacite et unanime, comme le reste des choses mauvaises qui nous avaient gênés. Le peuple venait de faire un feu de joie des gue-

nilles de l'ancien régime. Celle-là était la guenille san-
glante. Nous la crûmes dans le tas Nous la crûmes brûlée
comme les autres. Et pendant quelques semaines, con-
fians et crédules, nous eûmes foi, pour l'avenir, à l'inviolabilité de la vie comme à l'inviolabilité de la liberté.

» Et en effet, deux mois ne s'étaient pas écoulés,
qn'une tentative fut faite pour résoudre en réalité légale
l'utopie sublime de César Bonésana.

» Malheureusement, cette tentative fut gauche, mala-
droite, presque hypocrite, et faite dans un autre intérêt
que l'intérêt général . . . .
. . . .

Mᵉ SENARD, analysant l'admirable article de M. Victor
Hugo, rend compte de la manière dont fut discutée devant la chambre, au mois d'octobre 1830, la question de
la peine de mort. Puis il continue sa lecture :

« Cette farce, pourtant, quelques esprits avaient eu la
bonté de la prendre au sérieux. Immédiatement après la
fameuse séance, ordre avait été donné aux procureurs-
généraux, par un garde-des-sceaux honnête homme, de
suspendre indéfiniment toute exécution capitale. C'était
en apparence un grand pas. Les adversaires de la peine de
mort respirèrent : mais leur illusion fut de courte durée.

» Le procès des ministres fut mené à fin. Je ne sais quel
arrêt fut rendu. Les quatre vies furent épargnées. Ham
fut choisi comme juste-milieu entre la mort et la liberté.
Ces divers arrangemens une fois faits, toute peur s'éva-
nouit dans l'esprit des hommes d'état dirigeans, et, avec
la peur, l'humanité s'en alla. Il ne fut plus question d'a-
l olir le supplice capital ; et une fois qu'on n'eut plus
besoin d'elle, l'utopie redevint utopie, la théorie, théorie, la poésie, poésie.

» Il y avait pourtant toujours dans les prisons quelques
malheureux condamnés vulgaires qui se promenaient dans
les préaux, depuis cinq ou six mois, respirant l'air, tran-
quilles désormais, sûrs de vivre, prenant leur sursis pour
leur grace : mais attendez.

» Le bourreau, à vrai dire, avait eu grand'peur. Le
jour où il avait entendu nos faiseurs de loi parler humanité, philanthropie, progrès, il s'était cru perdu. Il s'était
caché, le misérable, il s'était blotti sous sa guillotine, mal
à l'aise au soleil de juillet, comme un oiseau de nuit en
plein jour, tâchant de se faire oublier, se bouchant les
oreilles et n'osant souffler. On ne le voyait plus depuis six

mois. Il ne donnait plus signe de vie. Peu-à-peu cependant il s'était rassuré dans ses ténèbres. Il avait écouté du côté des chambres et n'avait plus entendu prononcer son nom. Plus de ces grands mots sonores dont il avait eu si grande frayeur. Plus de commentaires déclamatoires du *Traité des délits et des peines*. On s'occupait de toute autre chose, de quelque grave intérêt social, d'un chemin vicinal, d'une subvention pour l'Opéra-Comique ou d'une saignée de cent mille francs sur un budget apoplectique de quinze cent millions. Personne ne songeait plus à lui, coupe-tête. Ce que voyant, l'homme se tranquillise, il met sa tête hors de son trou, et regarde de tous côtés; il fait un pas, puis deux, comme je ne sais plus quelle souris de La Fontaine; puis, il se hasarde à sortir tout-à-fait de dessous son échafaudage, puis il saute dessus, le raccommode, le restaure, le fourbit, le caresse, le fait jouer, le fait reluire, se remet à suiffer la vieille mécanique rouillée que l'oisiveté détraquait; tout-à-coup il se retourne, saisit au hasard par les cheveux, dans la première prison venue, un de ces infortunés qui comptaient sur la vie, le tire a lui, le dépouille, l'attache, le boucle, et voilà les exécutions qui recommencent.» (Profonde sensation.)

Me SENARD continue en élevant la voix : Tout cela est affreux, mais c'est de l'histoire. (Agitation prolongée.)

L'émotion du public est à son comble. Quand le calme s'est rétabli, Me SENARD continue :

« Oui, il y a eu un sursis de six mois, accordé à de malheureux captifs, dont on a gratuitement aggravé la peine de cette façon, en les faisant reprendre à la vie; puis, sans raison, sans nécessité, sans trop savoir pourquoi, *par plaisir*, on a un beau matin révoqué le sursis, et l'on a remis froidement toutes ces créatures humaines en coupe réglée. Eh ! mon Dieu, je vous le demande, qu'est-ce que cela nous faisait à tous que ces hommes vécussent? Est-ce qu'il n'y a pas en France assez d'air à respirer pour tout le monde?

» Pour qu'un jour un misérable commis de la chancellerie, à qui cela était égal, se soit levé en disant : — Allons! personne ne songe plus à l'abolition de la peine de mort, il est tems de se remettre à guillotiner ! — Il faut qu'il se soit passé dans le cœur de cet homme-là quelque chose de bien monstrueux . . . .

. . . .

»A Paris, nous revenons au tems *des exécutions secrè-*

tes. Comme on n'ose plus décapiter en Grève depuis juillet, comme on a peur, comme on est lâche, voici ce qu'on fait : On a pris dernièrement à Bicêtre un homme, un condamné à mort, un nommé Desandrieux, je crois ; on l'a mis dans une espèce de panier traîné sur deux roues, clos de toutes parts, cadenassé et vérouillé ; puis, un gendarme en tête, un gendarme en queue, à petit bruit et sans foule, on a été déposer le paquet à la barrière déserte de Saint-Jacques. Arrivés là, il était huit heures du matin, à peine jour, il y avait une guillotine toute fraîche dressée... pour public, quelques douzaines de petits garçons groupés sur les tas de pierres voisins, autour de la machine inattendue ; vite, on a tiré l'homme du panier, et sans lui donner le tems de respirer, *furtivement,* sournoisement, honteusement, on lui a escamoté sa tête. Cela s'appelle un acte public et solennel de haute justice. Infâme dérision ! (Agitation.)

» Comment donc les gens du roi comprennent-ils le mot civilisation ? Où en sommes-nous ? La justice ravalée aux stratagèmes et aux supercheries ! La loi aux expédiens ! Monstrueux !

» C'est donc une chose bien redoutable qu'un condamné à mort, pour que la société le prenne *en traître* de cette façon !..
....

» Reste la troisième et dernière raison, la théorie de l'exemple. — Il faut faire des exemples ! Il faut épouvanter, par le spectacle du sort réservé aux criminels, ceux qui seraient tentés de les imiter. — Voilà bien à-peu-près textuellement la phrase éternelle dont tous les réquisitoires des cinq cents parquets de France ne sont que des variations plus ou moins sonores. Eh bien ! nous nions d'abord qu'il y ait exemple. Nous nions que le spectacle des supplices produise l'effet qu'on en attend. Loin d'édifier le peuple, il le démoralise et ruine en lui toute sensibilité, partant toute vertu. Les preuves abondent et encombreraient notre raisonnement si nous voulions en citer. Nous signalerons pourtant un fait entre mille, parcequ'il est le plus récent. Au moment où nous écrivons, il n'a que dix jours de date. Il est du 5 mars dernier, jour du carnaval : A Saint-Pol, immédiatement après l'exécution d'un incendiaire, nommé Louis Camus, une troupe de masques est venue danser autour de l'échafaud encore fumant. Faites donc des exemples ! Le mardi-gras vous rit au nez ! (Frémissement dans tout l'auditoire.)

» Que si, malgré l'expérience, vous tenez à votre théorie routinière de l'exemple, alors rendez-nous le xvie siècle ; soyez vraiment formidables, rendez-nous la variété des supplices, rendez-nous Farinacci, rendez-nous les tourmenteurs-jurés, rendez-nous le gibet, la roue, le bûcher, l'estrapade, l'essorillement, l'écartèlement, la fosse à enfouir vif ; la cuve à bouillir vif, rendez-nous, dans les carrefours de Paris, comme une boutique de plus ouverte parmi les autres, le hideux étal du bourreau, sans cesse garni de chair fraîche. Rendez-nous Montfaucon, ses seize piliers de pierre, ses brutes assises, ses caves à ossemens, ses poutres, ses crocs, ses chaînes, ses brochettes de squelettes, son éminence de plâtre tachetée de corbeaux, ses potences succursales, et l'odeur de cadavre que, par le vent de nord-est, il répand à larges bouffées sur tout le faubourg du Temple. Rendez-nous, dans sa permanence et dans sa puissance, le gigantesque appentis du bourreau. A la bonne heure ! voilà de l'exemple en grand. Voilà de la peine de mort bien comprise. Voilà un système de supplice qui a quelque proportion. Voilà qui est horrible, mais qui est terrible. (Nouveau frémissement.)...
Mais vous, est-ce bien sérieusement que vous croyez faire un exemple quand vous égorgillez misérablement un pauvre homme dans le recoin le plus désert des boulevards extérieurs ? En Grève, en plein jour, passe encore ; mais à la barrière Saint-Jacques ! mais à huit heures du matin ! qui est-ce qui passe là ! qui est-ce qui va là ? qui est-ce qui sait que vous tuez un homme là ? qui est-ce qui se doute que vous faites un exemple là ? un exemple, pour qui ? pour les arbres du boulevard apparemment ! (Rires dans le public.)

» Ne voyez-vous donc pas que vos exécutions publiques se font en tapinois ? *Ne voyez-vous donc pas que vous vous cachez ?* que vous avez peur et honte de votre œuvre ? que vous balbutiez ridiculement votre *discite justiciam moniti* ? qu'au fond, vous êtes ébranlés, interdits, inquiets, peu certains d'avoir raison, gagnés par le doute général, coupant des têtes par routine, et sans trop savoir ce que vous faites ? Ne sentez-vous pas au fond du cœur que vous avez tout au moins perdu le sentiment moral et social de la mission de sang que vos prédécesseurs, les vieux parlementaires, accomplissaient avec une conscience si tranquille ? La nuit, ne retournez-vous pas plus souvent qu'eux la tête sur votre oreiller ? D'autres avant vous ont

ordonné des exécutions capitales, mais ils s'estimaient
dans le droit, dans le juste, dans le bien. Jouvenel des
Ursins se croyait un juge; Elie de Thorrette se croyait
un juge; Laubardemont, Lareynie et Laffemas eux-mêmes se croyaient des juges; vous, dans votre for intérieur,
vous n'êtes pas bien sûrs de ne pas être des assassins.

»Vous quittez la Grève pour la barrière Saint-Jacques,
la foule pour la solitude, le jour pour le crépuscule.
Vous ne faites plus fermement ce que vous faites. Vous
vous cachez, vous dis-je.» (Sensation prolongée.)

Mᵉ SENARD a fait cette lecture avec une énergie et une
pureté d'élocution qui ont ému tout l'auditoire : la parole
puissante de M. Victor Hugo semblait avoir acquis une
nouvelle force dans la bouche de l'éloquent orateur.

Après ces admirables paroles, reprend Mᵉ SENARD, fau-
dra-t-il discuter encore les lignes si pâles et si décolorées que
j'ai à défendre? « C'est *furtivement*, c'est *sournoisement*
que vous escamotez une tête! Vous vous cachez! *Vous
n'êtes pas bien sûrs de ne pas être des assassins !* »
Voilà ce que l'homme de cœur, ce que le grand poète vous
a crié au nom de la société et de la morale ! Et vous nous
accusez, vous nous poursuivez pour avoir écrit que c'est
presque la nuit, *furtivement*, qu'une tête a été livrée à
l'échafaud, et *qu'il semblait que ce fût un crime que l'on
commit !* Oh! je ne veux pas, pour nos paroles, d'autre
justification que les émotions de ceux qui viennent d'entendre ces pages sublimes que je voudrais graver dans la
mémoire de tous nos concitoyens.

Oh ! mais ce n'est pas là notre seul crime. Nous avons
reproché aux agens responsables du pouvoir d'avoir fait
violence au cœur du roi, et d'avoir laissé rouler quatre
têtes en cinq mois sur l'échafaud. C'est vrai; nous l'avons
dit et nous le disons encore : et nous proclamons hautement qu'une responsabilité immense pèse sur ceux qui ont
eu plus de foi dans le bourreau que dans la clémence
royale. Eh ! mon Dieu, il y a des instincts du cœur qui
ne peuvent pas tromper, et qui valent souvent mieux que
les conseils des plus grands politiques. Deux femmes ici
l'ont admirablement senti : c'est une épouse, c'est une
sœur. Il n'y a peut-être qu'elles qui aient compris, dans
tout cet entourage de la personne royale, que la clémence
fait tomber tous les poignards; que, quand des fanatiques
veulent s'armer, il ne s'en trouve pas un qui ne tremble
de passer pour un lâche s'il va frapper celui qui a fait
grâce à son associé.

Voyez donc aussi quelle épouvantable justification notre opinion a trouvée dans les événemens qui ont suivi. Ne vous souvient-il plus que la revue du 28 juillet a dû être supprimée ? Ne vous souvient-il plus qu'un roi de France, je me trompe, un roi des Français, s'est trouvé prisonnier dans son propre palais, et que ses ministres ont eu peur que, s'il sortait dans les rues ou sur les places, toutes les forces réunies de la capitale, tout l'amour de la population fussent impuissans pour le préserver du fer des assassins ? Situation sans exemple dans notre histoire ! situation qui vous a tous glacés d'effroi ! (Mouvement.)

Eh quoi ! vous en êtes venus à ce point que vous signalez à l'Europe entière Paris comme un repaire d'infâmes assassins, à ce point que le roi ne peut plus sortir ! Et la tête d'Alibaud a roulé sur l'échafaud, et c'est la quatrième depuis cinq mois ! Et quand nous vous accusons de vous être opposés à la leçon de clémence que nous appelions de tous nos vœux, quand nous disons que le sang appelle le sang, quand nous proclamons qu'au contraire la clémence fait tomber les poignards des mains, c'est vous qui nous accusez !

C'est à vous-même, Monsieur l'avocat-général, que nous le demanderons: pensez-vous que le roi eût pu sortir de son palais et parcourir sans danger la capitale, si Alibaud n'avait pas été guillotiné? si la grâce était descendue sur lui du trône? Il n'y a pas deux réponses à faire à une pareille question, et tous ceux qui m'entendent l'ont déjà faite.

Assez donc, assez ! Plus de discussion sur des articles qui ne méritent que des éloges, et contre lesquels il est inconcevable qu'on ait eu la pensée de provoquer une condamnation.

J'oubliais, Messieurs, qu'il existe encore un chef d'excitation à la haine et au mépris du gouvernement du roi. Oh! ce chef, c'est, sans contredit, le plus étonnant de tous.

Dans ce chorus d'adulations qui montent incessamment au pouvoir, il s'est trouvé un misérable qui a voulu faire de l'adulation à sa manière. Un infâme valet de bourreau, mu par quels motifs, Dieu le sait ! peut-être par quelque ignoble gageure, peut-être par l'espoir de quelque argent, s'imagine de déshonorer les derniers momens de ce condamné si impassible, de cet homme qui avait voulu la mort et qui la voyait sans pâlir. Le misérable serre les courroies qui liaient les jambes d'Alibaud, de manière à rendre sa marche difficile. Ainsi il hésitera, il chancellera en montant les degrés de l'échafaud, et le valet de bourreau s'applaudira de sa ruse ; il dira : « Voyez-vous, Alibaud a tremblé ! »

Manœuvre dégoûtante, infâme, et digne en tous points de l'être abject qui l'avait conçue et qui avait tenté de la réaliser.

Le *Journal de Rouen* trouve ce fait dans sa correspondance ; il le recueille, et voici le texte même de l'article qu'on incrimine aujourd'hui :

« On avait tellement serré la courroie qui liait les jambes d'Alibaud, qu'il eut beaucoup de peine à monter sur l'échafaud, et que les aides furent obligés de l'aider pour qu'il ne trébuchât point. On espérait que cette précaution l'aurait fait chanceler, et que la foule aurait cru de loin qu'il tremblait et qu'il ne pouvait supporter la vue de l'appareil du supplice. Il est mort courageusement, et on n'a pu le calomnier à son moment suprême, comme on l'a fait à la cour des pairs. »

Tel est l'article que le ministère public vous dénonce comme contenant une excitation évidente à la haine et au mépris du gouvernement du roi. Du gouvernement du roi ! mais y pensez-vous ? Par qui donc aurait-il été représenté sur l'échafaud et dans le fait ignoble que nous avons signalé ? Passe encore si quelque chose, dans notre article, impliquait directement ou indirectement que ce fait serait le résultat d'ordres donnés par le gouvernement ; mais non, rien de semblable. Lisez, relisez, discutez les mots, torturez-les si bon vous semble, vous n'y trouverez rien que de tout personnel à l'instrument de cette honteuse manœuvre, rien que vous puissiez reporter de près ou de loin au dernier des agens du pouvoir.

Mais nous avons, dites-vous, rapproché cette lâche tentative, des calomnies répandues ailleurs sur le compte d'Alibaud ? Nous avons dit qu'on avait voulu le calomnier à ses derniers instans comme *on l'avait calomnié à la cour des pairs !* C'est vrai, et c'est le *Moniteur* à la main que je vais vous prouver l'exactitude de nos paroles.

Ici M⁰ SENARD lit le texte des dépositions de deux témoins entendus par la cour des pairs et qui ont attesté avec énergie qu'on avait *calomnié* Alibaud.

Ces mots vous choquent, appliqués à un tel homme, reprend l'orateur, et je le comprends aisément. Mais pourtant, il faut bien que vous les entendiez comme la cour des pairs les a entendus elle-même. Messieurs, les droits de la vérité sont imprescriptibles, et de quelque forfait qu'un homme se soit rendu coupable, la société ne peut le flétrir que du poids du crime qu'il a réellement commis, elle ne peut pas faire peser sur lui des accusations imméritées. Et vraiment, il est heureux pour les historiens et pour les moralistes qu'il se trouve des citoyens assez courageux pour s'élever hardiment contre la calomnie, quel que soit son objet, et au risque de voir bientôt leurs propres intentions dénaturées et méconnues !

Mais on insiste, et l'on me dit que le rapprochement des deux parties de l'article implique une injure grave au gouvernement. Ses organes auraient calomnié Alibaud devant la justice, ses agens l'auraient torturé et auraient tenté de le calomnier à son moment suprême.

Ma réponse sera simple, mais décisive.

Rien dans notre article ne fait remonter au gouvernement, ni la pensée, ni l'action des agens que nous avons attaqués. La flétrissure que nous leur avons infligée leur est toute personnelle ; dès-lors, eux seuls pourraient personnellement porter plainte contre nous.

La loi punit l'*excitation à la haine et au mépris du gouvernement du roi*. C'est là le seul délit qui puisse être poursuivi d'office par le ministère public : c'est de ce texte qu'il s'arme aujourd'hui contre l'article qu'il accuse. Eh bien ! ce texte, il a été bien souvent discuté, sous la restauration surtout, et quelque longue, quelque vive qu'ait été la controverse, les meilleurs esprits ont toujours reconnu que ces mots *gouvernement du roi* ne pouvaient s'entendre que de la puissance publique personnifiée dans la réunion du roi et des chambres, et qu'ainsi l'attaque dirigée contre un ou plusieurs agens du pouvoir, contre un ou plusieurs ministres, et même contre le ministère entier, ne pouvait être réputée attaque au gouvernement du roi. A cet égard, le *Journal de Rouen* aime à rappeler que le jugement qu'il obtint, le 20 novembre 1829, de la courageuse indépendance des magistrats alors appelés à le juger, consacrait nettement cette distinction.

Est-ce six ans après la révolution de juillet qu'il faudrait recommencer à agiter de pareilles thèses ? Et peut-on d'ailleurs concevoir que le ministère public remette ces principes en question, lorsque, dans la discussion des lois de septembre 1835, M. Thiers, aujourd'hui premier ministre, prononçait les paroles décisives que je vais vous rappeler textuellement :

« Ce que nous demandons, nous sommes tout prêts à le reconnaître, et ne prenez pas cette expression comme indiquant l'idée d'une concession. Non, la liberté de la presse ne peut être une concession de personne : c'est la conquête du tems, du pays ; c'est la conquête des hommes illustres qui l'ont fondée ; c'est la conquête du sang du peuple ; c'est la conquête de vous-mêmes, Messieurs, le jour où vous ayez voté la charte. Ce que nous vous demandons, est-ce la liberté de discuter les actes ministériels sans mesure ? oui ; la liberté de nous calomnier ? oui encore ; la liberté de nous imputer des faits vrais ou faux, et plus souvent faux que vrais ? oui encore ; la liberté d'exciter contre nos personnes la haine, le mépris, tous les sentimens injustes ? oui encore. Cette liberté, nous l'acceptons, et je n'appelle pas cela une concession ; ce serait de ma part une chose insensée ; mais je dis que nous acceptons aussi franchement et sans réserve les conditions du gouvernement représentatif.

» Qu'on nous attaque, qu'on discute nos actes, sans mesure, sans réserve : il ne nous arrivera jamais de nous en plaindre ; nous ne nous en sommes jamais plaints. Pour mon compte, si je voyais des ministres effrayés de la liberté de la presse, j'aurais pour eux un parfait mépris.

» A toute époque de ma vie j'ai toujours pensé qu'on pouvait gouverner grandement avec une presse parfaitement libre. En Angleterre, la presse est parfaitement libre depuis plus d'un demi-siècle, et on y a gouverné grandement. »

Certes, quand on songe que c'est sur la foi des principes ainsi posés et de ces reconnaissances formelles que la législation de septembre 1835 a été obtenue par le pouvoir, il est difficile de concevoir qu'une discussion sérieuse puisse encore s'établir.

Voyez, d'ailleurs, ce que serait ici cette discussion.

Avons-nous excité à la haine ou au mépris de ces hauts fonctionnaires, de ce ministère entier qui reconnaît formellement, par la bouche de son président, que l'injure ou la calomnie, tant qu'elles n'atteignent que lui, ne peuvent être réputées adressées *au gouvernement du roi ?*

Eh non ! en acceptant votre accusation dans sa plus grande rigueur, nous aurions signalé à la haine et au mépris un procureur-général calomniant un accusé devant la cour des pairs, un valet de bourreau cherchant à le calomnier sur l'échafaud ! Et vous nous accusez d'avoir attaqué le gouvernement du roi ? Mais, à vos yeux, le gouvernement du roi se personnifierait donc dans un procureur général et un valet de bourreau ? (Sensation prolongée.)

Ah ! Messieurs, qui de nous excite ici à la haine et au mépris du gouvernement du roi, ou de moi qui n'ai flétri que des agens subalternes, agissant de leur propre mouvement, sans ordre, sans rien même qui puisse faire supposer que leur excès de zèle ait été agréable au gouvernement ; ou du ministère public amené bien malgré lui, sans doute, à vous présenter un symbole que partout ailleurs il poursuivrait comme un délit ?

Reconnaissons-le donc, Messieurs, en fait comme en droit, l'article incriminé est à l'abri de tout reproche ; en fait comme en droit, il ne peut encourir aucune condamnation.

Messieurs, ma tâche semble finie, car j'ai discuté tous les passages que le ministère public vous a dénoncés, et j'ai prouvé qu'aucun des délits qu'il vous y avait signalés n'a d'existence réelle, et que les termes et la pensée des articles poursuivis sont également irréprochables.

Mais je dois aller plus loin encore : lors même que quelqu'un de vous ne partagerait pas ma conviction à cet égard, lors même que quelqu'un de vous trouverait ces articles répréhensibles, celui-là devrait encore nous absoudre sans hésitation ; car s'il pouvait y avoir doute ou diversité d'opinion sur l'innocence des passages poursuivis il y aurait au moins certitude et unanimité sur la bonne foi du gérant qui les a admis dans sa feuille, et c'est le gérant seul qui se présente devant vous.

On m'objecte, il est vrai, que le gérant est responsable de tout ce que contient le journal qu'il a revêtu de sa signature, et qu'ici même, tout-à-l'heure, il vous a déclaré qu'il acceptait toute la responsabilité légale des articles incriminés.

J'admets cette proposition, et je la reconnais fondée. Mais de votre côté, il faut bien que vous reconnaissiez aussi que, pour que cette responsabilité puisse donner lieu à une condamnation, il faut que le délit, que pourraient

3.

contenir les articles admis par le gérant, soit trop évident pour n'être pas nécessairement aperçu à une première lecture ; car s'il était assez caché, assez peu apparent pour qu'on dût penser qu'il a pu lui échapper, sa
bonne foi le mettrait à l'abri de tout reproche, de tout
condamnation.

Eh bien ! Messieurs, jugez-nous sur un rapprochement
bien simple que le gérant vous a indiqué dans son inter-
rogatoire, et qui est en ce moment présent à tous vos esprits.

La première condition de la composition d'un journal, vous le savez, c'est la célérité. Le gérant a chaque
jour à peine une demi-heure à donner à la lecture de sa
feuille ; or, comment, dans cet examen rapide, aurait-
il aperçu ces délits que le ministère public, qui doit lire
et étudier attentivement les exemplaires déposés au parquet, n'est parvenu à découvrir que quinze jours, qu'un
mois après leur publication ?

N'oubliez jamais, Messieurs les jurés, que ces journaux qu'on incrimine aujourd'hui ont été tous, au moment de leur distribution, soumis aux onze examinateurs
que renferment nos deux parquets, et qu'aucun d'eux
n'y a rien trouvé de répréhensible.

Oui ! oui ! vous les avez alors tous jugés innocens, sans
quoi vous seriez inexcusables de ne les avoir pas fait saisir
à l'instant même, et de n'en avoir pas empêché la circulation.

Eh bien ! ce qu'aucun de vous n'a découvert dans une
lecture faite à loisir, et avec la préoccupation peu favora-
ble qu'apportent naturellement à ce genre de travail les
hommes chargés par la société de rechercher et de poursuivre les délits et les crimes, vous voudriez qu'un gérant l'eût nécessairement aperçu dans une lecture préci-
pitée, faite au milieu du trouble et des embarras insépa-
rables de la composition d'un journal !

Une pareille prétention est-elle concevable ?

Rappelez-vous d'ailleurs que ce n'est pas seulement à
Rouen que les articles qui nous occupent ont été ainsi exa-
minés. Tous les passages extraits de la correspondance ont
été reproduits dans d'autres journaux des départemens, et
soumis à l'épreuve des parquets où ces feuilles se déposent,
et aucun d'eux n'a été poursuivi ! aucun des nombreux

agens du ministère public qui en ont pris connaissance n'a reconnu les délits qui font l'objet de l'accusation.

Et vous condamneriez le gérant du *Journal de Rouen!* vous l'enverriez en prison pour n'avoir pas eu plus de perspicacité que tous les parquets du royaume, et pour avoir admis, comme innocens, dans sa feuille, des articles qui ont paru tels à tous les magistrats que la loi a chargés de leur examen ? (Sensation.)

Mais cela serait absurde ; cela serait révoltant !

Messieurs, ce qu'il y a d'admirable dans l'institution du jury, c'est la bonne foi et la moralité dont ses décisions sont toujours empreintes. C'est à ces sentimens que je m'adresse, et mon appel ne peut manquer d'être entendu. Je vous ai prouvé que les articles poursuivis sont irréprochables en eux-mêmes ; vous le pensez comme moi, j'en suis sûr, et vous les absoudrez. Mais quand vous garderiez à cet égard quelque doute, vous absoudriez encore ; car la bonne foi du gérant est évidente, et c'est le gérant que vous devez déclarer innocent ou coupable.

Encore un mot, Messieurs. La révolution de juillet, je vous l'ai déjà dit, semblait nous avoir assuré à jamais deux grandes conquêtes : la liberté de penser et d'écrire, et l'attribution des délits politiques au jury. L'une de ces institutions était la sauvegarde de l'autre ; toutes deux étaient également chères à la nation. Toutes deux ont été mutilées par les lois de septembre 1835. Espérerait-on, par hasard maintenant, écraser, les uns par les autres, les débris de ces institutions qui devaient se prêter un mutuel appui ! A vous, Messieurs, de déjouer ces espérances si elles avaient été conçues ; à vous de nous prouver bientôt, par un verdict unanime d'absolution, que le *Journal de Rouen* a eu raison demettre sa confiance ans votre sagesse, dans votre patriotisme et dans votre loyauté !

Des applaudissemens éclatent dans toutes les parties de la salle. M. le président ne parvient qu'avec difficulté à les reprimer. Enfin, après quelques instans, l'agitation se calme, et la parole est donnée au ministère public.

M. LETENDRE DE TOURVILLE réplique longuement à la plaidoirie de Me Senard, et reprenant pas à pas ce qu'il a déjà dit et soutenu, revient sur les mêmes argumens, sous le mérite desquels il persiste de nouveau dans l'accusation.

S'expliquant sur les lenteurs mises par le parquet à

poursuivre les articles incriminés, il dit que cela tient à ce que le rôle des assises était fait au 15 juillet : il a donc fallu attendre jusqu'après les fêtes de juillet pour assigner. Le silence gardé par d'autres parquets n'est pas un motif pour lui de renoncer à l'accusation : les magistrats jugent avec leur conscience, et sont totalement indépendans les uns des autres; ce défaut de poursuites intentées par un procureur-général ne doit donc pas empêcher un autre procureur-général de poursuivre, s'il le regarde comme convenable et nécessaire.

Lisez, dit en terminant sa réplique, l'organe du ministère public, lisez les articles, et vos esprits seront ébranlés comme les yeux sont ébranlés par la lumière, à moins qu'on ne soit atteint de cécité.

Me SENARD : Lisez et vos esprits seront ébranlés ! vous a dit le ministère public. Je dis moi, si vos esprits sont seulement ébranlés, vous devez absoudre, car ce n'est pas un simple ébranlement qu'il vous faut, mais une conviction complète, et l'on renonce à l'obtenir.

L'avocat, dans un résumé rapide et chaleureux, reproduit, sous une nouvelle face, les principaux argumens de sa plaidoirie. Répondant aux explications du ministère public sur le retard qu'il a mis à commencer les poursuites, il s'étonne d'avoir entendu ce magistrat dire que, si on n'avait pas poursuivi le 30 juin, c'est que la mesure du délit n'était pas comblée. Ainsi donc, s'écrie Me Senard, il n'y avait, le 30 juin, contre le *Journal de Rouen*, qu'une fraction de délit; à laquelle, plus tard, d'autres fractions seraient venues se joindre. Déplorable système dont la raison publique a trop souvent fait justice pour qu'il soit besoin de la combattre de nouveau !

Me SENARD prouve, par l'argumentation même du ministère public, que l'accusation est tout-à-fait sans valeur. On s'est efforcé de démontrer que le point de vue auquel nous nous sommes placés n'est pas le meilleur; qu'on prévient mieux le crime en exaltant sa monstruosité qu'en s'efforçant de le rapetisser et de l'avilir; que les grands appareils de répression, que les châtimens terribles sont encore nécessaires aujourd'hui pour épouvanter les imaginations; que notre opinion sur la peine de mort ne peut être admise, et que beaucoup de bons esprits y résistent; et, à la voix puissante de Victor Hugo, on a opposé les argumens de quelques auteurs qui ont soutenu la thèse contraire.

Certes, il y a loin de tout cela aux assertions premières du ministère public, qui, dans sa proposition, disait qu'il suffisait de lire les articles incriminés pour les condamner; et toutes nos discussions sur la valeur des argumens que chacun de nous a cru devoir employer pour atteindre un but reconnu utile et moral, et nos opinions diverses sur la peine de mort, seraient des thèses intéressantes à soutenir en Sorbonne ou dans une assemblée législative; mais quelle que soit la valeur de chacune d'elles, il est bien certain que toutes sont parfaitement inoffensives, et il est trop extraordinaire qu'on les agite ici devant un jury et en présence d'un homme qui se demande si on l'enverra ou non en prison.

Cette réplique, qui n'a pu être recueillie, et dont nous renonçons à donner même une idée à nos lecteurs, est, comme la première plaidoirie de Me Senard, fréquemment interrompue par des murmures flatteurs et des applaudissemens comprimés avec peine par M. le président.

Ce magistrat résume les débats avec une remarquable impartialité, et le jury, après vingt minutes d'absence (tems exactement nécessaire pour écrire 60 bulletins et faire cinq tours de scrutin), déclare M. E. Brière non-coupable sur les cinq chefs de prévention. Des applaudissemens se font entendre, et s'apaisent soudain à la voix du président; mais aussitôt que l'ordonnance d'acquittement est rendue, ils éclatent avec force dans toutes les parties de l'auditoire, et la salle retentit pendant plusieurs minutes des cris : *Vive le jury! vive la liberté!*

ROUEN, IMPRIMERIE DE D. BRIÈRE, RUE SAINT-LO, No 7.

www.ingramcontent.com/pod-product-compliance
Lightning Source LLC
Chambersburg PA
CBHW070912210326
41521CB00010B/2158